Karl Scheffler

Das etymologische Bewusstsein mit besonderer Rücksicht auf die neuhochdeutsche Schriftsprache

Vol. 1

Karl Scheffler

Das etymologische Bewusstsein mit besonderer Rücksicht auf die neuhochdeutsche Schriftsprache
Vol. 1

ISBN/EAN: 9783337320201

Hergestellt in Europa, USA, Kanada, Australien, Japan

Cover: Foto ©Thomas Meinert / pixelio.de

Weitere Bücher finden Sie auf **www.hansebooks.com**

Das

etymologische Bewusstsein

mit besonderer Rücksicht

auf die neuhochdeutsche Schriftsprache

Erster Teil

Von

Oberlehrer Dr. Karl Scheffler

Wissenschaftliche Beilage zum Jahresbericht des Neuen Gymnasiums in Braunschweig
Ostern 1897

Braunschweig
Druck von Joh. Heinr. Meyer
1897

1897. Progr.-Nr. 718.

Für die Entwicklung der Sprache ist von größter Bedeutung die Art, wie sich das Bewußtsein der Sprechenden dem überlieferten Sprachgute, dem Wortschatze sowohl wie den formalen Ausdrucksmitteln, gegenüber verhält. Dem ursprünglichen Thatbestande, den man als das Objektive bezeichnen kann, tritt die subjektive Empfindung umdeutend und richtunggebend gegenüber. So in der Wortbiegungslehre: der Umlaut war ursprünglich ein rein lautlicher Vorgang, der durch ein *i* der folgenden Silbe hervorgerufen wurde; weil er aber die Mehrzahl gewisser Hauptwörter traf (ahd. *gast gesti*), so empfand man ihn als Kennzeichen der Mehrzahl und verwandte ihn zu zweckmäßiger Unterscheidung auch bei solchen Wörtern, denen er ursprünglich nicht zukam: *Vater Väter* (ahd. *fater fatera*). Ebenso in der Wortfügungslehre: in Verbindungen wie: *ich bin es zufrieden, satt* ist *es* ursprünglich Genitiv (mhd. *es*), für unser Sprachgefühl aber infolge lautlichen Zusammenfalles in dem Accusativ *es* (mhd. *ez*) aufgegangen und als solcher empfunden, so daß weiter gesagt werden kann: *ich bin das zufrieden, den Streit satt*. Endlich auf dem Gebiete der Satzlehre: das Bindewort *dass* ist von Haus aus nichts anderes als das hinweisende Fürwort *das; ich sehe, dass er kommt* ist ursprünglich aufzufassen als *ich sehe das: er kommt;* aber die beiden Hauptsätze sind durch ihre enge Verbindung und die logische Unterordnung des einen zu einem Satzgefüge geworden, in dem *das* als ein den Nebensatz einleitendes Redeteilchen erscheint. Durch diese Umdeutung allein ist die fruchtbare Entfaltung der mit *dass* eingeleiteten Nebensätze möglich geworden. — Ebenso selbständig aber, wie zu den grammatischen Ausdrucksmitteln, verhält sich das Sprachbewußtsein auch zu dem Wortschatze, insofern er aus etymologisch zusammengehörigen Wortgruppen besteht. Man redet in dieser Hinsicht von einem **etymologischen Bewußtsein**. Es erhebt sich die Frage: welche Beziehungen walten ob zwischen der Wortverwandtschaft und dem Sprachbewußtsein? Es wird nützlich sein, einige Bemerkungen über das Wesen der Wortverwandtschaft voranzuschicken.

Wenn wir von den formalen Elementen der Wörter (Beugungsendungen usw.) absehen, durch die sie ihre Fähigkeit zu syntaktischer Verwendung erhalten, so können wir bei jedem Worte zwei Bestandteile unterscheiden, die sich etwa zu einander verhalten wie Körper und Seele, die Lautgestalt und den Bedeutungsinhalt. Darauf kann eine zwiefache Art von Verwandtschaft begründet werden, Laut- und Bedeutungsverwandtschaft. Es liegt auf der Hand, daß jede für sich allein noch kein Recht auf etymologische Verwandtschaft giebt. *Arm* (bracchium) und *arm* (pauper) sind lautverwandt, *is* lautgleich, hängen aber bei ihrer völligen Bedeutungsverschiedenheit ersichtlich nicht mit einander zusammen. Anderseits sind *Selbstsucht* und *Eigennutz* bedeutungsverwandt, aber aus ganz verschiedenen Wortpaaren zusammengesetzt. Aber auch wo beides zusammentrifft, dürfen wir von etymologischer Verwandtschaft nicht reden, wenn die Form- und Bedeutungsverwandtschaft erst Folge einer sekundären Entwicklung ist, oder wenn eins der Wörter aus einer fremden Sprache entlehnt ist. *Sündflut* stellen wir aus formellen und sachlichen Gründen zu *Sünde*, und doch zeigt die Sprachgeschichte, daß es ursprünglich *sinvluot* ‚große Flut' gelautet und nicht das geringste mit *Sünde* gemein gehabt hat. Die zwischen *Pappe* und *Papier* bestehende Form- und Begriffsverwandtschaft aber ist nur das Werk eines Zufalles, da das eine von ihnen ist, das im letzten Grunde auf die altägyptische Sprache zurückgeht. — Anderseits kann die Lautgestaltung oder die Bedeutung oder beides weit auseinandergehen, und dennoch besteht nach Ausweis der Sprachgeschichte eine ursprüngliche Verwandtschaft. Wer möchte wohl ohne Kenntnis der früheren Sprachstufen ahnen, daß in *Wimper* (aus *wintbrâwe*) das Wort *Braue* als zweites Zusammensetzungsglied enthalten ist? wer ohne Kunde der kulturgeschichtlichen Vorgänge einen Zusammenhang zwischen *Buch* und *Buche* vermuten? wer ohne Kenntnis der lautlichen Entwicklung und der seelischen Bedingungen des Bedeutungswandels in *lehren*, *List* und *Gleis* Verwandte entdecken?

So darf sich die Wissenschaft bei der Erforschung der etymologischen Zusammenhänge weder durch Ähnlichkeiten noch durch Verschiedenheiten verleiten lassen, ein Fehler, den die ältere Sprachwissenschaft nicht immer vermieden hat. Sie hat vielmehr alle ihr zu Gebote stehenden Mittel, nicht nur die Grundgesetze aller Sprachentwicklung (insbesondere Lautgesetze, Bedeutungswandel, Analogie), sondern auch die Völker- und Kulturgeschichte im weitesten Sinne zu Rate zu ziehen, um so mit größerer oder geringerer Sicherheit ursprüngliche Verwandtschaft oder Nichtverwandtschaft nachzuweisen. Diese ursprüngliche Verwandtschaft aber muß immer zugleich eine der Form und der Bedeutung sein. Die Sprachforschung führt die Wörter in letzter Linie auf gewisse Elemente zurück, die sogen. Wurzeln, die eine bestimmte, einheitliche Form und Bedeutung hatten und aus denen die einzelnen Wörter (Wortstämme und Wortformen) hervorgegangen sind, sei es durch Zusammensetzung mit andern Wurzeln oder durch Anfügung gewisser Vor- und Nachsilben, die aber ursprünglich auch nichts anderes sind als selbständige Elemente. Alle die Wörter nun, die auf diese Weise eine gemeinsame Wurzel in sich enthalten, mögen sie sich im Verlaufe der Entwicklung nach Form oder Bedeutung noch so weit von einander entfernen, bezeichnen wir als verwandt oder genauer als w u r z e l v e r w a n d t.

W i e wir uns das ursprüngliche Leben der Wurzeln und ihre weitere Entfaltung zu Wortstämmen und Wörtern zu denken haben, ist eine Frage, deren Beantwortung den Rahmen meiner Aufgabe überschreitet. Hier genügt es, daran zu erinnern, d a ß wir mit Gruppen von Wörtern zu rechnen haben, die ein gemeinsames Element enthalten und durch dieses zu ursprünglich form- und bedeutungsverwandten Sippen zusammengeschlossen werden. Nur darauf mag noch hingewiesen werden, daß sich diese Sippen meist wieder in Unterfamilien usw. verzweigen, die in äußeren Erweiterungen der Wurzel (Wurzeldeterminativen, Suffixen) oder auch in inneren Veränderungen (Ablaut) ein weiteres gemeinsames Element besitzen.

So ist es zunächst Aufgabe der wissenschaftlichen Forschung, den objektiven Thatbestand aufzunehmen, sie hat die Mannigfaltigkeit der Formen und Bedeutungen auf einfache Einheiten zurückzuführen. Der Sprachforscher wird dabei die ursprüngliche Zusammengehörigkeit künstlich nachzufühlen suchen. Anders aber ist die Stellung der Sprechenden selber zu dem Wortschatze, den sie verwenden, und, wie hinzugefügt werden muß, auch der Hörenden. Hier erheben sich die Fragen: wie weit wird der ursprüngliche etymologische Zusammenhang noch gefühlt? wie weit und unter welchen Bedingungen wird er verdunkelt? werden etwa neue verwandtschaftliche Beziehungen angeknüpft? Die Untersuchung dieser Fragen aber muß nicht minder Aufgabe der Wissenschaft sein, nicht nur um ihrer selbst willen, sondern vor allem, weil das etymologische Bewußtsein einen wichtigen Faktor der Sprachentwicklung bildet. Die w i r k l i c h e, o b j e k t i v e Verwandtschaft kommt als s o l c h e für die Weiterbildung der Sprache nicht in Betracht. Nur die e m p f u n d e n e, s u b j e k t i v e, mag sie mit der objektiven übereinstimmen, sie verkennen oder ihr geradezu widersprechen, wird fruchtbar für die Entwicklung und giebt Anlaß zu neuen Formen und Bildungen. In dieser Thatsache besonders liegt die Berechtigung der Wissenschaft, auch diese Vorgänge in den Kreis ihrer Untersuchungen zu ziehen.

Das etymologische Bewußtsein steht im vollsten Einklange mit den Thatsachen, wenn der gleiche Wortstamm nach Form und Begriff deutlich erkennbar in verschiedenen Wörtern wiederkehrt. Die Lautfolge *sch ö n* mit ihrer eigentümlichen Bedeutung wird überall als dieselbe empfunden, mag sie allein stehen oder mit Ableitungssilben versehen sein, mag sie den ersten oder den zweiten Teil einer Zusammensetzung bilden. *Schönheit verschönen Schöngeist bildschön* usw. schließen sich für das Sprachgefühl so fest zu einer Gruppe zusammen, daß über die Zugehörigkeit eines einzelnen Gliedes zu ihr kein Zweifel besteht. Das Sprachbewußtsein entspricht den Thatsachen auch insofern, als es in *schön* das Grundwort empfindet, von dem die übrigen abgeleitet sind. Ich bemerke ausdrücklich, daß Bewußtsein hier wie überall im folgenden nicht so zu verstehen ist, als ob die Verwandtschaft als solche in jedem einzelnen Falle des Sprechens oder Hörens den Inhalt einer deutlichen Vorstellung bildete; in den weitaus meisten Fällen wird es nicht so sein. Aber in der Seele schlummert die M ö g l i c h k e i t, sich der Verwandtschaft bewußt zu werden; es handelt sich also nicht um ein aktuelles, sondern um ein p o t e n t i e l l e s Bewußtsein. Ferner ist dies Bewußtsein bei den einzelnen Gliedern derselben Sprachgemeinschaft im wesentlichen dasselbe, wie überhaupt die seelischen Grundlagen des Sprechens und der Sprachentwicklung im allgemeinen gleich sind. Das Maß der Begabung und Bildung spielt dabei keine erhebliche Rolle. Nur eine tiefere sprachgeschichtliche Bildung vermag das Bewußtsein zu beeinflussen. Aber nicht von diesem künstlichen, sondern von dem n a i v e n Sprachbewußtsein ist hier die Rede.

Der etymologische Zusammenhang ist überall da dem Sprachbewußtsein fühlbar, wo sowohl die Lautgestalt als die Bedeutung des Wortstammes dieselbe ist, oder, geschichtlich betrachtet, er bleibt überall da bewahrt, wo F o r m u n d B e d e u t u n g u n v e r ä n d e r t b l e i b e n oder ganz gleichartige Veränderungen erleiden. Der erste Fall ist praktisch bedeutungslos; denn es giebt nur wenige Wörter, die ihre Bedeutung, kaum eins, das seine Form im Laufe der Sprachgeschichte nicht verändert hätte. Desto häufiger ist der andere Fall, daß eine Veränderung gleichzeitig das Grundwort und die Ableitungen ergreift, so daß das gegenseitige Verhältnis unverändert bleibt. *Zeit* und *zeitig* stehen noch heute in derselben Beziehung zu einander wie im Ahd. *zit* und *zitig* und noch früher *tid* und *tidig*. Trotz der mannigfachen lautlichen Veränderungen ist der etymologische Zusammenhang nicht gestört, weil die ganze Wortsippe daran teilnimmt. Dasselbe ist der Fall bei gleichläufiger Bedeutungsänderung: *handeln* und *Handlung* stehen sich so nah wie ahd. *hantalôn* und *hantalunga*, trotz starken Bedeutungswandels (ahd ,mit den Händen berühren'). — Sobald aber eine formale oder begriffliche Veränderung nur e i n e n Teil ergreift und infolge dessen eine Laut- oder Bedeutung s s p a l t u n g eintritt, muß das Verhältnis der Zusammengehörigkeit mehr oder minder getrübt und kann völlig verdunkelt werden, so daß die ehedem als verwandt empfundenen Wörter nunmehr im Bewußtsein der Sprechenden einander fremd gegenüber stehen. Diese Verdunklung des etymologischen Zusammenhanges, die man auch s t o f f l i c h e I s o l i e r u n g nennt, vollzieht sich, wie fast alle sprachliche Veränderung, nicht innerhalb des Lebens eines einzelnen, sondern ist das Ergebnis einer geschlechterlangen Entwicklung. Man sollte genauer nicht von einer Isolierung, sondern von einem unterbliebenen Zusammenschlusse sprechen. Wörter, die sich in dem Bewußtsein früherer Geschlechter zu einer Gruppe zusammengeschlossen haben, thun dies nicht mehr bei späteren (vgl. Paul Princ. d. Sprachgesch. 2. Aufl. S. 152 f.). Betrachten wir nun genauer:

I. Die Ursachen der Trübung des etymologischen Bewusstseins.

a) Lautliche Veränderungen.

Schon eine geringe lautliche Abweichung in dem Stamme verwandter Wörter muß eine leichte Lockerung des Zusammenhanges herbeiführen. *Büschel* steht zu *Busch* nicht mehr in demselben engen Verhältnisse wie *buschig*, *irdisch Erde* nicht so nah wie *kindisch Kind*. Dabei ist besonders zweierlei von Bedeutung. E r s t e n s kommt in Betracht, ob solchen Veränderungen gleiche Lautverschiedenheiten in den Abwandlungsformen des Stammwortes entsprechen oder nicht. Denn die einzelnen Formen desselben Wortes sind zwar streng genommen auch als verschiedene Wörter anzusehen. Aber sie stehen in einem besonders festgefügten Verhältnisse zu einander, das auch durch lautliche Verschiedenheiten nicht gesprengt wird; *sie binden* verhält sich: *sie banden* wie *sie leben: sie lebten*. So schließen sich abgeleitete Wörter mit denselben Lautverschiedenheiten an die entsprechenden Abwandlungsformen fest an. Dies läßt sich besonders deutlich an dem A b l a u t e zeigen.

Der Ablaut ist bekanntlich eine ursprünglich auf Betonungsverschiedenheit beruhende Veränderung des Stammvokales, vor allem in den Formen des Konjugationssystemes und in den Ableitungen aus derselben Wurzel: *binde band gebunden — Binde Band Bund*. Solange der Ablaut in dem Zeitworte erhalten bleibt, wie in diesem Beispiele, stehen auch die Ableitungen mit dem Stammworte und unter einander in enger Beziehung. *Binde Binder Gebinde* bilden eine Gruppe mit *binden*, *Band* eine zweite mit *band*, *Bund Bündel Bündnis* eine dritte mit *gebunden*. Am nächsten stehen dem Zeitworte d i e Ableitungen. die den Vokal des Präsensstammes aufweisen, weil dieser als die Grundform des Zeitwortes empfunden wird. Alle drei Gruppen aber werden wieder durch den im Zeitworte selbst bestehenden Dreiklang zusammengehalten. Vgl. noch z. B. *Geber Gabe : geben gab, Zuwachs Wuchs : wachsen wuchs, Gebieter Gebot : gebieten gebot* usw. — Wenn aber die Ablautverhältnisse des Zeitwortes im Laufe der Zeit getrübt werden oder das Zeitwort selbst verloren geht, so werden die zugehörigen Ableitungen ihres festen Anschlusses beraubt. *Trotte* hat seine Beziehung zu *treten* vor allem deshalb aufgegeben, weil dieses die entsprechende Ablautstufe (got. *trudan*) eingebüßt hat; das ebenfalls verwandte *trotten* aber hat sich begrifflich abgesondert. Seitdem das mhd. st. Ztw. *trinne tran trunnen* ,sich absondern' ausgestorben ist, entbehrt *abtrünnig* seines Haltes; die Beziehung zu dem zugehörigen schw. Ztw. *trennen* ist weit loser. *Rand* und *Rinde* stehen sich gewiß begrifflich nicht sehr fern, und doch wird hier keine Verwandtschaft empfunden wie in *Band* und *Binde*, weil es ein entsprechendes wurzelhaftes Zeitwort nicht giebt und vielleicht nie gegeben hat.

Wie wichtig für die Bewahrung des Zusammenhanges die Abwandlungsverhältnisse sind, mögen noch einige Beispiele zeigen, in denen es sich nur teilweise um Ablaut handelt. *Hieb : hauen, Stand : stehen, Bedacht Gedächtnis : denken* finden in den entsprechenden Vergangenheitsformen eine kräftige Stütze; *fähig* dagegen hat seinen Zusammenhang mit *fangen* nicht nur wegen seiner Bedeutungsentwicklung aufgegeben, sondern auch deshalb, weil die ursprüngliche Präsensform *vähen* (neben *vienc gevangen*) jetzt verdrängt ist.

Z w e i t e n s ist von Bedeutung, ob die Veränderungen des Wortstammes in einem noch l e b e n d i g e n Lautwandel bestehen oder nur erstarrte Reste früherer Sprachveränderungen sind. Im ersten Falle ist die Verbindung fester, weil sie durch massenhafte Analogien unterstützt sind, so beim U m l a u t e. Der Umlaut ist noch heute ein wirksamer Sprachfaktor, freilich nicht in dem Sinne, als ob noch heute ein *i* der nachfolgenden Silbe durch seine Vorwegnahme den Vokal der vorhergehenden beeinflussen könnte; wohl aber so, daß der Umlaut, der nach dem Muster der lautgesetzlich entstandenen Formen durch die Wirkung der Analogie auf zahllose andere Formen übertragen wurde, einer solchen Übertragung noch immer fähig ist. Er spielt eine große Rolle in der Wortbildung; gewisse Ableitungssilben, wie *ig lich lein*, rufen ihn fast notwendig hervor: *gütig häuslich Bächlein*. Er durchdringt die Steigerung: *grösser grösst*. Ja, er hat auch in der Abwandlung seine festgegründeten Sitze: *Bäume führst führe*. So ist der Umlaut dem Sprachgefühle etwas sehr geläufiges, und die von ihm betroffenen Formen stehen deshalb in einem sehr innigen Verhältnisse zu den nicht umgelauteten. Es kommt hinzu, daß nicht selten Doppelformen neben einander stehen, wie *Pachter Pächter, hanfen hänfen, rotbackig rotbäckig*, ein Umstand, der nicht wenig dazu beiträgt, die trennende Wirkung dieses Lautwandels abzuschwächen.

Nun haftet der Umlaut überall da, wo er in dieser Weise lebendig ist, an der längeren, abgeleiteten Form. Daran sind wir so gewöhnt, daß der entgegengesetzte Fall, der fälschlich sogen. Rückumlaut, für unser Sprachgefühl etwas widerstrebendes hat. Man vergleiche mit den zahlreichen Fällen, in denen von einem Eigenschaftsworte umgelautete Formen abgeleitet werden (*gut : Güte gütig vergüten*), die wenigen, die das umgekehrte Verhältnis aufweisen, wie *böse : Bosheit boshaft erbosen*. — In früheren Zeiten waren solche Rückumlaute in gewissen Fällen Regel. Im Mhd. gab es zahlreiche umlautlose Adverbien zu umgelauteten Adjektiven, z. B. *harte* (ahd. *harto*) : *herte* (ahd. *herti*). Damals bestand unzweifelhaft noch ein lebendiges Gefühl für diesen Wechsel. Heute ist er nur noch in zwei Wortpaaren erhalten: *fast : fest*, *schon : schön*, und in diesen empfinden wir das verwandtschaftliche Verhältnis nicht mehr. Dabei wirkt allerdings die eigenartige Bedeutungsentwicklung der Umstandswörter mit, aber eben so sehr der uns nicht mehr geläufige lautliche Unterschied. In der Bedeutung des Adv. *gar* gegenüber dem Adj. liegt gewiß keine geringere Verschiedenheit vor, und doch besteht hier ein Gefühl für die Einheit des Wortes.* — Ebenso war der Rückumlaut im Mhd. in der Abwandlung zahlreicher Zeitwörter wirksam: *füllen fulte gefüllet - gefult*. Heute ist er auf wenige Wörter beschränkt: *nennen senden können* u. a., und in diesen hat er als Bestandteil der Flexion nichts befremdendes. Außerdem aber ist er in einigen versteinerten Partizipien erhalten, und diese haben ihre Beziehung zu dem zugehörigen Zeitworte mehr oder weniger aufgegeben,** so *getrost : trösten*, das immerhin noch einen Halt an *Trost* hat, *ungestalt wolg. missg. : stellen*, ebenso *bestal(l)t*, die so wenig als Part. gefühlt wurden, daß man dafür auch *ungestaltet* usw. sagte und ein neues Ztw. *bestallen* bildete, *gelahrt : lehren*, *durchlaucht erl. : leuchten*. Besonders an dem letzten Beispiele sehen wir deutlich die Wirkung eines (sonst nicht mehr lebendigen) Lautwandels, der allerdings durch Bedeutungswandel unterstützt wird. Noch im 18. Jahrh. stand neben *durchlaucht* auch *durchleucht*. Das Bestehen dieser Doppelformen vermochte damals den Zusammenhang mit *leuchten* wohl noch zu schützen, während er heute völlig gelöst ist. Auch zugehörige Ableitungen werden durch diese Verhältnisse beeinflußt; vgl. die enge Beziehung von *Brand : brennen* (*brannte*) mit der viel loseren von *Gestalt Anst. : stellen* (mhd. *stalte*, jetzt *stellte*), ferner *gehorsam : hören*, *behutsam : behüten*, *Zunder : zünden* (mhd. *hörte behuote zunte*); auch: *Nahrung nahrhaft : nähren*.

So lehren uns die Umlautverhältnisse, wie wichtig für die Bewahrung des etymologischen Zusammenhanges bei lautlichen Verschiedenheiten die lebendige Wirksamkeit des betreffenden Lautwandels ist. Eine Ergänzung dazu bietet uns die sogen. Brechung, die ja auch ihrem Wesen nach mit dem Umlaute eng verwandt ist. Auch sie besteht in einer Beeinflussung des Stammvokales durch den Vokal der folgenden Silbe. Ihr Ergebnis ist ein Wechsel zwischen *e : i* (*recht : richten*), *o : u* (*hold : Huld*), *ie : eu* (*siech : Seuche*). Im Nhd. ist dieser Wechsel in verhältnismäßig wenigen Fällen erhalten, da die Analogie vielfach ausgleichend gewirkt hat; es heißt nicht mehr *liderin wülvinne*, sondern *ledern Wölfin*. Das lebendige Gefühl für diesen Wechsel ist so weit abgestumpft, daß analogische Neubildungen nicht mehr möglich sind. Nach dem überlieferten Verhältnisse von *Gefilde : Feld* kann kein *Gefilse : Fels* mehr geschaffen werden, es kann nur *Gefelse* heißen, während solche Sammelformen mit Umlaut noch immer gebildet werden können, z. B. *Geäst*. Unter diesen Umständen ist es begreiflich, daß Ableitungen mit solchem Vokalwechsel zu ihrem Grundworte in lockerer Beziehung stehen als entsprechende mit Umlaut. Man vergleiche *irden : Erde* mit *hären : Haar : Gestirn : Stern* mit *Gebüsch : Busch*; oder man erwäge das verschiedene Verhältnis, in dem *füllen* und *völlig* zu

---

* Ich bemerke, daß es mir jetzt in erster Linie darauf ankommt, das Verhältnis des Sprechenden zu dem überlieferten Wortschatze zu untersuchen, aber nicht, wie die formellen und begrifflichen Verschiedenheiten entstanden sind. Wie weit die Trübung des Sprachbewußtseins selber als Faktor dabei beteiligt ist (z. B. in dem vorliegenden Falle, wo der Unterschied zwischen Adj. und Adv. nur deshalb bewahrt ist, weil sie sich in ihrer Bedeutung schon von einander entfernt hatten), wird später zu erörtern sein.
** S. die vorige Anmerkung.

voll stehen. Ein entsprechender Wechsel innerhalb der Abwandlung wirkt auch hier unterstützend; so wird *Hilfe* mit *helfen* fester verbunden durch die Formen *hilf hilft* usw.

Nur andeuten will ich, daß selbst eine quantitative Vokalverschiedenheit, so geringfügig sie erscheinen mag, unter Umständen eine leichte Scheidung herbeiführen kann. Wenn in einer Wortsippe langer Vokal vorherrscht, stehen kurzvokalische Formen merklich isoliert; vgl. *laben Labung Labetrank* usw.: *Labsal* (soweit es mit *ă* gesprochen wird), *graben* : *Grabscheit, tragen* : *Tracht, wiegen* : *Gewicht* usw. Der Bedeutung solcher Quantitätsunterschiede werden wir später noch mehrfach begegnen, so in *fertig weg* u. a. und besonders in Zusammensetzungen.

Überblicken wir die betrachteten vokalischen Verschiedenheiten noch einmal, so werden wir finden, daß sie, trotz ihres mannigfach lockernden Einflusses im einzelnen, doch im ganzen, wenn nicht eine stärkere Bedeutungsscheidung hinzukommt, die Wortfamilien nur wenig auseinanderzureißen vermögen. Die Fälle von Ablaut, Umlaut, Brechung u. a. sind so zahlreich, die Mannigfaltigkeit des Vokalismus auch innerhalb desselben Stammes so groß (vgl. z. B. *sprechen sprich gesprochen Sprache Gespräch Spruch Sprüche*), daß das Sprachgefühl an das Bestehen solcher Verschiedenheiten durchaus gewöhnt ist. So bleibt auch in den Fällen seltneren Lautwandels (z. B. *froh* : *freuen*), so lange die Bedeutung nicht auseinandergeht, das Gefühl für den Zusammenhang bewahrt. Man hat nicht ohne Grund die Konsonanten mit dem festen Körper verglichen, der von den wechselnden Formen der Vokale bekleidet wird; und eine Durchsicht der bisher angeführten Beispiele zeigt, daß in sämtlichen der Konsonantenbestand der vokalisch geschiedenen Formen völlig gleich ist, wenn wir dabei von geringeren Unterschieden absehen, wie zwischen Media und Tenuis im Silben- und -auslaute (*Binde Band*) oder zwischen gutturalem und palatalem *ch* nach dunklem und hellem Vokale (*Bach Büchlein*) u. ä., Unterschieden, die um so weniger Einfluß haben, als sie auf noch lebendigen Lautgesetzen beruhen und sich auch in den verschiedenen Formen desselben Wortes finden (*Band Bänder, Bach Büche*). Freilich haben sich auch die meisten Konsonanten im Laufe der Sprachgeschichte verändert, aber meist in allen verwandten Wörtern in gleicher Weise, so daß sie doch nicht aufhören, das einigende Band zu bilden.

Man könnte nun erwarten, daß konsonantische Verschiedenheiten im Wortstamme, wenn sie eintreten, einen störenden oder gar völlig zerstörenden Einfluß auf den etymologischen Zusammenhang ausüben. Daß dies jedoch in dem erwarteten Maße nicht der Fall, wird eine kurze Betrachtung einiger Hauptfälle des Konsonantenwechsels zeigen.

1. Auf ursprünglicher Betonungsverschiedenheit beruht nach dem Vernerschen Gesetze der sogen. grammatische Wechsel, besonders zwischen *t* und *d*,* *h* und *g, s* und *r* (aus tönendem *z*). Soweit er noch innerhalb der Abwandlung der Zeitwörter erhalten ist (*schneiden* : *schnitten geschnitten, ziehen* : *zogen gezogen*), haben die zugehörigen Ableitungen mit gleichem Lautwechsel eben an jenen Flexionsformen einen Halt, so nicht blos *Schneider Ziehung*, sondern auch *Schnitter Zug.* Ist aber der gramm. Wechsel im Zeitworte ausgeglichen, oder fehlt die Beziehung auf ein Wurzelverbum ganz, so erscheint die Verbindung gelockert, z. B. *Scheitel* (,Haarscheide') : *scheiden, hoch* : *Hügel.* Am fremdesten ist uns heute der Wechsel zwischen *s* und *r*. In der Abwandlung ist er jetzt beschränkt auf *gewesen* : *waren;* dazu tritt allenfalls noch *erkiesen* : *erkor erkoren*, aber hier ist der Präsensstamm nicht eigentlich mehr lebendig. Deshalb werden Wörter wie *Frost Verlust* an die zugehörigen Ztw. *frieren verlieren* (mhd. *vriuse vrôs vrurn gevrorn*; ebenso *verliuse*) vor allem nur durch den völligen Parallelismus der Bedeutungen geknüpft. Fehlt dieser, wie bei *kosten* (*gustare*) : *erkoren, Öse* : *Ohr Öhr*, so tritt eine völlige Scheidung ein.

---

* Hier ist der Unterschied zwischen *t* und *d* an sich bedeutsamer, weil er nicht durch die Stellung in der Silbe hervorgerufen wird, wie bei *Binde - Band.*

2. Andere Konsonantenveränderungen beruhen auf alter Lautverdopplung, indem d e r
v e r d o p p e l t e L a u t bei der hochd. Verschiebung vielfach a n d e r s b e h a n d e l t ist a l s d e r
e i n f a c h e. So sind *k p t* zu *ch f ss* verschoben, während *kk* blieb, *pp tt* zu *pf tz* wurden.
Daher stammen die Verschiedenheiten von *stechen : stecken; triefen : Tropfen; reissen : ritzen* usw.
Der Zusammenhang bleibt einigermaßen bewahrt, besonders weil die entsprechenden Konsonanten
mehr oder weniger klangverwandt sind. Eine leichte Lockerung ist freilich vorhanden; *ritzen*
schließt sich nicht so eng an *reissen* wie *Riss*. Auch hier bietet gleichartiger Wechsel in der
Abwandlung eine Stütze, so bei *sesshaft ansässig : sitze sass gesessen*.

3. Auch die häufigen Veränderungen der V e r s c h l u ß l a u t e v o r *t* (*Schrift : schreiben,
Gewicht : wiegen*) rufen keine Lautverschiedenheit hervor, die groß genug wäre, um den Verband
zu lösen Zudem liegen hier teilweise Veränderungen vor, die wieder in der Abwandlung des
Zeitwortes eine Stütze finden. Die Formen *wiegt tragt* haben wenigstens in einem Teile des
Sprachgebietes denselben Stammauslaut wie *Gewicht Tracht*. Aber auch abgesehen davon scheint
bei solchen Wörtern der Quantitätsunterschied der Vokale einen größeren isolierenden Einfluß
zu haben als der Konsonantenwechsel (s. oben S. 8).

Die eben besprochenen Fälle des Konsonantenwechsels lassen mithin noch eine leidlich
feste Verknüpfung der davon betroffenen Wörter zu. Als gemeinsame Gründe dafür finde ich
folgende: daß die Veränderungen (von *s : r* abgesehen) mehr oder weniger geläufig sind und
sich in derselben Artikulationsgruppe bewegen, daß der Lautkörper im ganzen mit seiner
eigentümlichen Folge Konson. + Vok. + Kons. erhalten bleibt, und — worauf ich vor allem
Gewicht legen möchte — daß überall nur der Stammauslaut verändert erscheint.* Wo eine
dieser Bedingungen nicht erfüllt ist, können wir im allgemeinen eine viel stärkere Lockerung
des verwandtschaftlichen Gefühles wahrnehmen.

1. Es besteht ein u n g e l ä u f i g e r K o n s o n a n t e n w e c h s e l, der um so störender ist,
je geringer die Klangverwandtschaft der betr. Laute ist. Dahin gehört der schon besprochene
Wechsel zwischen *s* und *r*, aber auch der zwischen *m* und *n*. So wenig Gewicht wir auf
deren Unterscheidung in den Abwandlungsendungen legen (vgl. die nachlässige Aussprache der
Endung *-em*), so störend erscheint ihr Wechsel im Stammauslaute. Zwar Wörter wie *Ankunft*
stehen als lebendige Nom. act. in engem Zusammenhange mit *ankommen* usw.; sie werden zudem
in manchen Gegenden mit *m* gesprochen. Aber *Schande* und *Scham* stehen sich trotz ihrer
Bedeutungsverwandtschaft sehr fern. Nach einem urgermanischen Lautgesetze wurde *md* zu
nd : ein solcher Wechsel ist uns aber heute fremd (nur in Mundarten giebts ähnliches: alem.
chunnt = kommt). Ebenso ist *Name : nennen* (aus *namnjan*) zu beurteilen. Die Angleichung
von *mn* zu *nn* bringt ein fremdes Element in den Lautkörper. Bei der älteren und noch jetzt
mundartlichen Nebenform *nemmen* ist das nicht der Fall.

2. Das Lautbild des Stammes wird getrübt durch S c h w u n d d e s A u s l a u t e s, wie er
in manchen Fällen vor konson. Ableitungssilben eintritt. Vgl. *Blitz* (mhd. *blicze) : Blick* (ahd. *blic*
,Blitz'), *schmatzen* (mhd. *smackezen) : schmecken ; Last* (mit Suffix *st):laden : Zaum : ziehen, Traum :
trügen*. Bei diesen beiden Wörtern kommt als weiterer störender Faktor der ungeläufige
Vokalismus hinzu, da sich in den zugehörigen Sippen *au* sonst nicht mehr findet (mhd. noch
trouc = nhd. trog). Hier ist überall das Gefühl für die Verwandtschaft erloschen; ebenso, wenn
die Medien, bes. *g*, mit dem vorhergehenden und nachfolgenden Vokale verschmelzen: *steil*
(mhd. *steigel) : steigen, Getreide (getregede) : tragen*.

3. V e r ä n d e r u n g e n d e s A n l a u t e s sind besonders geeignet, den etymologischen Zusammenhang zu lockern. Denn einmal bleibt sich der Anlaut in den weitaus meisten Fällen
gleich, während der Auslaut und der vokalische Inlaut, wie wir gesehen haben, mannigfachen
Veränderungen unterliegen; so ist der Anlaut etwas festes und beständiges, gleichsam der ruhende
Pol in der Erscheinungen Flucht; vgl. noch einmal *ziehen zogen Zug Zügel*. Ferner ist der

---

* Ich sehe dabei von den wenigen vokalisch auslautenden Stämmen ab.

Anlaut naturgemäß das erste, was in der zeitlichen Folge der Laute dem Hörer in das Bewußtsein tritt und im Zusammenhange der Rede oft allein genügt, um ihn das begonnene Wort erraten zu lassen. Auf dieser psychologischen Thatsache beruht ja auch die Art, wie wir in der Schrift Wörter abzukürzen pflegen; der Anlaut allein ist dazu geeignet. Wir können ganz erhebliche Abkürzungen in der Schrift vornehmen, aber der Anfangsbuchstaben können wir nicht entraten. So ist auch von dieser Seite her das ganze Wort vorzugsweise auf den Anlaut gegründet. Tritt nun durch lautliche Vorgänge innerhalb derselben Wortfamilie eine Verschiedenheit des Anlautes ein, so fällt damit eine Hauptstütze, oft die einzige Stütze des lautlichen Zusammenhanges, und dem etymologischen Bewußtsein wird der Boden entzogen, auf dem es recht eigentlich fußt. So wird die Scheidung von *bequem* (,bekömmlich'; nd. auch *misquem*) : *bekommen* (ahd. *biqueman*) vor allem nicht durch die Bedeutung, die nicht erheblich abweicht, noch durch den Vokalismus, der in Formen wie *bekäme* einen Anschluß findet, sondern durch die Anlautverschiedenheit herbeigeführt. Vgl. auch *keck* : *Queck(silber)*, *erquicken*; ferner *sollen* (ahd. *s(c)olan*, bair. noch *schollen*) : *Schuld* (ahd. *sculd*) : *Malz* : *schmelzen* (Doppelwurzel *meld* : *smeld*), *donnern* : *stöhnen* (Wz. *ten* : *sten*).

Noch zerstörender endlich muß es wirken, wenn der ganze Lautkörper durch verschiedenartige lautliche Vorgänge ein anderer geworden ist. Die Sprachwissenschaft hat gute Gründe, *fragen* und *forschen* auf eine gemeinsame Wurzel zurückzuführen, ebenso *finster* und *dämmern*. So wies sie auch *Schwein* (aus *swin*, *súin*) als Ableitung von *Sau* (*sú*) nach. Hier liegt der eigenartige Fall vor, daß der den Auslaut bildende Wurzelvokal *u* durch den Übergang in *w* seine silbenbildende Kraft eingebüßt und damit die ganze Wurzel ihren Halt und ihren Anschluß an das Grundwort verloren hat, ein Vorgang, der durch den Wandel von *s* zu *sch* und durch die Diphthongisierung des *ú* in dem Stammworte noch weiter gefördert wird. Die letzte Ursache dieser Scheidung liegt aber in der Betonung. In dem urgerm. *súin* muß der Ton auf der Ableitungssilbe geruht haben; sonst wäre der Übergang des vokal. *u* in konson. *w* nicht zu erklären. Ähnliche Wirkungen des Accentes haben *Zahn* (ahd. *zand*, as. *tand* = lat. *dent-*, ὀδόντ) und *essen* von einander getrennt, zu dem es Partiz. ist (idg. *dont-* für *edónt-* zu *édo*), ferner *von* (aus *pona* für *apóna*) und *ab* (*ápo*).

Damit kommen wir auf einen wichtigen Faktor der Sprachentwicklung zu sprechen, auf die Betonung und ihre lautlichen Wirkungen. Es liegt im Wesen des exspiratorischen Accentes* begründet, daß er der ihn tragenden Hauptsilbe eine besondere Stärke und Deutlichkeit vor den übrigen verleiht. Dies Übergewicht der Hauptsilbe kann zu einer allmählichen Schwächung, Verstümmelung und zum gänzlichen Wegfalle der Nebensilben führen. Die Wirkungen im einzelnen sind bes. Kürzung und Unterdrückung von Vokalen, Vereinfachung von Konsonantengruppen, Schwächung und Ausfall einzelner Konsonanten, Schwund ganzer Silben. So kann in Sprachen, deren Wortton auch auf Ableitungssilben ruhen kann, eine zum Teil weitgehende Zerrüttung des Wortstammes herbeigeführt werden: lat. *sculna* : *sequor*, frz. *ménage* (aus *mansionaticum*) : *maison* (*mansio*). Besonders entstellend wirkt die Aphärese der unbetonten ersten Silbe, die im Ital. und Neugriech. so häufig ist: *stivale* (aus *aestivale*) : *està* (*aestus*), *cimento* (*specimentum*) : *specie* (*species*); μάτι aus ὀμμάτιον, σαράχοντα aus τεσσαράχοντα. — In den germanischen Sprachen sind Lehnwörter derselben Gefahr ausgesetzt: *Spargel* aus *asparagus*, *Kürbis* aus *cucurbita*. Diese kommen jedoch für uns nicht in Betracht. In den heimischen Wörtern aber wird die Stammsilbe durch den Haupton geschützt, den sie regelmäßig** trägt. Umsomehr sind die Endsilben gefährdet. Die ganze Entwicklung der deutschen Sprache von der ahd. Zeit an besteht ja zum großen Teile in der Abschleifung der volltönenden Endsilben, in der zunehmenden Herrschaft des tonlosen *e*. Unter dieser Zerrüttung

---

* Denn nur um diesen handelt es sich hier; der musikalische Accent des Altgriech. und Litau. kann solche Wirkungen nicht haben.
** Mit sehr wenigen Ausnahmen, wie *lebendig Forelle Hornisse*.

der Abwandlungs- und Ableitungssilben leidet aber die etymologische Durchsichtigkeit nur in vereinzelten Fällen, wie etwa *Menge* (ahd. *managi*) : *mannig-*, *manch* (ahd. *manag*). Als mitwirkenden Faktor werden wir die Schwächung der Nebensilben später in einigen anderen Fällen kennen lernen (*hübsch Mensch Herr*). Das Gesagte gilt von den einfachen Wörtern; in Zusammensetzungen entbehren aber auch Stammsilben des Haupttones; dadurch können auch sie unter gewissen Bedingungen die zerstörende Wirkung des Hochtones erfahren und so den Zusammenhang mit dem nicht geschwächten einfachen Worte aufgeben. Davon ist später besonders zu reden.

Indessen haben wir die Wörter nicht blos in ihrer Vereinzelung zu betrachten, sondern auch im Zusammenhange der Rede. Hier aber müssen sich viele einzelne Wörter mit ihrem Worttone dem Satztone, der nur auf einem oder wenigen Wörtern ruht, unterordnen. Somit ist die Möglichkeit gegeben, daß auch das einfache Wort unter den schwächenden Wirkungen eines benachbarten betonten Wortes leidet. Besonders in den rasch gesprochenen Sätzen des flüchtigen Gespräches, im eiligen Zurufe wie in der erregten Frage ist die lautliche Ausgestaltung oft sehr mangelhaft, werden viele Silben geschwächt oder ganz verschluckt. Davon werden in erster Linie gewisse Wörter betroffen, die sich infolge ihrer syntaktischen Geltung an das folgende oder voraufgehende Wort anlehnen, so der proklitische Artikel ('s *Kind*, 's *Morgens*) und das enklitische persönliche Fürwort (*kann's, thut se. hasten = hast du ihn*). Auch die Verschmelzungen von Verhältniswort und Artikel (*ins, beim*) gehören hierher. Aber auch gewichtigere Wörter sind vor weitgehenden Verkürzungen, bes. Aphäresen, nicht sicher, z. B. *gnä' Frau, nabend* für *guten Abend* usw. Da aber in allen diesen Fällen das Lautbild, wenn auch noch so undeutlich erzeugt, trotzdem in der Vorstellung des Redenden sowohl wie des Hörenden schlummert, da ferner dieselben Wörter im allgemeinen eben so oft voll betont, also in ungeschwächter Form ausgesprochen werden, so wird das etymologische Bewußtsein nicht getrübt.* Nur wenn solche geschwächten Formen unter gewissen Bedingungen die lebendige Beziehung zu den volltönenden Schwesterformen aufgeben, kann eine Verdunklung des Zusammenhanges eintreten. Zwei Hauptfälle kommen in Betracht.

1. **Erstarrung zu festen Formeln.** Besonders lehrreich ist hier die titelhafte Verwendung von *hérre* und *vrouwe* im Mhd. Diese Wörter finden sich vor Eigennamen und Titeln in verschiedenen verkürzten und entstellten Formen. bes. *her er, ver*, z. B. *er Sifrit, ver Krimhilt*; ebenso *ern, vern* für die abhängigen Fälle: *ern Otten, vern Jutten*. Wie sehr hier später das Bewußtsein des Ursprunges geschwunden ist, lehren die Thatsachen, daß man nicht selten das Wort *Herr* oder *Frau* noch einmal damit verband, daß die Form *ern* seit dem 15. Jahrh. auch für den Nomin. verwandt wurde, und daß man im Nhd. das seltsame *Ehr Ehr(e)n* mit offenbarer Anlehnung an *Ehre* (vgl. *Ehrwürden*) daraus machte, z. B. *Ehren Loth* (Bürger). Mit noch stärkerer Verstümmelung wird im Provenç. *en* vor männl. und *na* vor weibl. Namen gebraucht (aus *domen donna*); vgl. noch ital. *fra* (aus *frater*) vor den Namen von Ordensgeistlichen, engl. *mister* (neben *master*). In allen diesen Fällen hat die formelhafte Verwendung der Lautschwächung die Kraft verliehen, den lebendigen Zusammenhang mit der daneben stehenden Grundform zu lösen. — Ferner erinnere ich an die landschaftlich weit verbreitete Form zum Ausdrucke annähernder Zahlenangaben: *ein Stücker drei, ein Stundener vier*, wo nach Ausweis des Mhd. und älteren Nhd. sowie des Ndl. das wunderliche *-er, -ener* aus *oder*** hervorgegangen ist; vgl. *einen Tag oder zehn* (Luth. 1. Mos. 34, 55) = etwa zehn Tage, ndl. *een dag of* (= oder) *veertien*. — Ähnlich ist das merkwürdige Fürwort *waser* (qualis) zu beurteilen, das besonders im 16. Jahrh. begegnet. *Waser Macht* ist entstanden aus *was*

---

* Was hier von den schwächenden Wirkungen des Hochtones gesagt ist, gilt im wesentlichen auch von den mancherlei lautlichen Angleichungen (Sandhi-Erscheinungen), die beim raschen Sprechen eng zusammengehöriger Wörter vorgenommen werden, z. B. *im Berlin, mittir = mit dir, hamer = haben wir* usw.

** Mir scheint aus dem tonlosen *oder* zunächst *ener* hervorgegangen zu sein. Der Übergang von *d* in *n* ist nicht unerhört.

der Macht; aber das Bewußtsein des Ursprunges entschwand, so daß es auch vor männl. Wörtern gebraucht wurde und weiter ein abwandlungsfähiges Fürwort daraus entstand.

2. **Bedeutungsdifferenzierung.** Die vollbetonte und die enklitische oder proklitische Form können in den Dienst einer mit der Betonungsverschiedenheit zusammenhängenden Bedeutungsspaltung gestellt werden, so daß sich das ursprünglich einheitliche Wort in zwei nach Form und Bedeutung getrennte Wörter scheidet. So hat sich der germanische unbestimmte Artikel aus dem Zahlworte *ein* entwickelt. Zwar hat sich die hd. Schriftsprache gegen die Festlegung dieser Scheidung mit Erfolg gewehrt, dank den Bemühungen pedantischer Schulmeister. Aber in der zwanglosen Umgangssprache und noch mehr in den Mundarten sehen wir deutlich zwei verschiedene Wörter neben einander stehen: das Zahlwort in der vollen Form *ein een oan* usw. und den Artikel in der geschwächten *en e a* usw., und ebenso im Engl. *one : a au.* Ähnlich hat sich der roman. Artikel (*le la*) von dem Fürworte (*il elle* aus *ille illa*) abgezweigt. — Hierher gehören manche Partikeln, z. B. *also : als. Als* ist hervorgegangen aus *alse,* einer geschwächten Form von *also.* Im Mhd. werden alle drei Formen gleichbedeutend neben einander gebracht; erst später hat der Sprachgebrauch die verschiedenen Bedeutungen auf die verschiedenen Formen verteilt; vgl. aber noch *alsobald* und *alsbald.* Ähnlich ist im Engl. das Verhältnis zwischen *also* und *as.* Ferner vgl. *dann : denn, wann : wenn;* nd. *er* (z. B. *ek weit er nits von*) neben *då* (beide aus *dår);* engl. *nought : not;* frz. *pās : (ne) päs;* lat. *agitur : igitur* usw. —

Endlich ist noch auf eine besondere Klasse formaler Scheidungen hinzuweisen, die wenigstens für eine **Schriftsprache** in Betracht kommt. Jede Schriftsprache erwächst freilich auf dem Grunde bestimmter **Mundarten.** Wenn sie aber bei weiterer Verbreitung von den Angehörigen anderer Mundarten angenommen wird, wird sie durch diese bereichert, und es werden Wörter in den gemeinsamen Sprachschatz aufgenommen, deren Lautgestalt mit der grundlegenden Mundart nicht übereinstimmt. Da die deutsche Schriftsprache im wesentlichen mittel- und oberdeutschen Ursprunges ist, sind es besonders niederdeutsche Wörter, die sich dem herrschenden Lautstande nicht fügen und so ihren hochdeutschen Verwandten mehr oder minder fremdartig gegenüberstehen. Ist im Hd. die genau entsprechende Wortbildung vorhanden, so entstehen Doppelformen, die meist in verschiedener Bedeutung gebraucht werden. Vor allem macht sich das Unterbleiben der hd. Lautverschiebung fühlbar, so in *Stapel : Staffel, schleppen : schleifen; fett : feist. Topp : Zopf; Lake : Lache, mäkeln : machen; ducken : tauchen, Reede : bereiten.* Ferner *lichten* (Anker) : *leicht, Linnen : Leinen; Achter*(deck) : *After*(rede)*, sacht : sanft; Bernstein : brennen, Born : Brunnen; fahl : falb; Nelke* (aus *negelke*) : *Näglein.* Aber auch mitteld. und od. Mundarten sind an solchen Scheidungen beteiligt, z. B. od. *Rucksack : Rücken, zwerch : quer;* md. *klüppeln : klopfen, schlingen : Schlund.* Ferner *Odem : Atem, Argwohn : Wahn, wo : etwa.* So kann ein Wort selbst in dreifacher Lautgestalt vorkommen: od. *reuten,* md. (*aus*)*rotten,* md. nd. *roden.* Ein Gefühl für die Zusammengehörigkeit eines großen Teiles der genannten Wörter wird nur bei dem vorhanden sein, der neben der Schriftsprache auch die betreffende Mundart beherrscht, und auch das nur, soweit nicht durch sonstige lautliche oder begriffliche Sonderung der Zusammenhang gelockert ist. Nur selten dient die mundartliche Form der Aufrechterhaltung der etymologischen Beziehungen, so das nd. *flügge* (od. *flücke*) *: fliegen;* vermutlich hat die Schriftsprache eben aus diesem Grunde die nd. Form bevorzugt. — Eine ähnliche Wirkung wie Entlehnung aus Mundarten müssen die aus **älteren Sprachstufen** haben, wenn sie von den jüngeren Formen lautlich verschieden sind, so *Ur : Auer*(ochs), und besonders Eigennamen wie *Bruno : braun, Gertrud : traut.* Dieser Fall ist im Deutschen selten, in den roman. Sprachen um so häufiger. Hierher gehören die zahlreichen gelehrten Entlehnungen aus dem Latein., denen die entsprechenden lautgesetzlich entwickelten roman. Formen gegenüber stehen, so frz. *cause : chose, fragile : frêle, fabrique : forge* usw. — —

So können lautliche Verschiedenheiten einen mehr oder weniger starken Einfluß auf die Lockerung der etymologischen Verbände üben. Aber wir haben auch gesehen, daß selbst

größere Formverschiedenheiten durch völligen Bedeutungsparallelismus überwunden werden
können; das gilt bes. für die von Zeitwörtern abgeleiteten Abstraktbildungen (*Zug Frost* usw.).
Man sieht daraus, wie wichtig die genaue Bedeutungsentsprechung für die Erhaltung der verwandtschaftlichen Beziehungen ist. Anderseits ist schon wiederholt darauf hingewiesen, daß
Bedeutungsscheidungen die lautlichen Spaltungen wirksam unterstützen können (*durchlaucht er-
nähren* usw.). Es sind nun die Wirkungen zu erörtern, die der Bedeutungswandel an sich auf
das etymologische Bewußtsein ausübt.

b. Bedeutungswandel.

Bei der Vielseitigkeit, mit der sich schon die Bedeutung eines einzelnen Wortes entfalten
kann, bei der noch größeren Mannigfaltigkeit, die wir in der Bedeutungsentwicklung einer
ganzen Wortsippe wahrnehmen, können nicht alle Möglichkeiten berücksichtigt werden. Ich
muß mich darauf beschränken, die wichtigsten Bedingungen aufzusuchen, unter denen eine
Lockerung oder völlige Trennung verwandter Wörter eintritt.

Schon S. 5 ist gesagt, daß das enge Verhältnis zwischen dem Grundworte und der Ableitung ungestört bleibt, wenn die Bedeutungsentwicklung beider parallel verläuft. Dieser Parallelismus braucht indessen nicht vollständig, die Ableitung nicht an sämtlichen Bedeutungen
des Grundwortes betheiligt zu sein; es genügt, wenn sie sich an eine anschliesst, wie das ja
bei Ableitungen mehrdeutiger Wörter sehr oft der Fall ist: *züchten züchtig züchtigen* finden
alle in verschiedenen Bedeutungen des Grundwortes *Zucht* ihre Entsprechung. Anders, wo auch
dieser eingeschränkte Parallelismus fehlt. *Krank* und seine Ableitungen *Krankheit kranken
kränklich* usw. stehen sich für unser Bewußtsein ebenso nah wie in der mhd. Zeit, obwohl sich
die Bedeutung nicht unerheblich geändert hat. Früher bezeichnete die Wortsippe den Begriff
‚schwach, gering‘; im 13. Jahrh. begann sie auch die Bedeutung der alten *siech Seuche* als
eine mildere Bezeichnung desselben Begriffes zu übernehmen, und diese noch heute herrschende
Bedeutung hat die ursprüngliche völlig verdrängt. Aber das verwandtschaftliche Verhältnis hat
darunter nicht gelitten, weil alle die genannten Glieder der Familie den Wandel mitgemacht
haben. Die Ableitung *kränken* dagegen ist ihren eigenen Weg gegangen; sie hat aus der Grundbedeutung ‚schwächen‘ heraus durch die Uebergangsstufe ‚beschädigen‘ hindurch die ihr heute
eigentümliche Bedeutung des seelischen Verletzens entwickelt. Durch diesen selbständigen Bedeutungswandel hat sie sich von ihren Verwandten geschieden und bildet mit ihrer Ableitung
Kränkung eine Wortgruppe für sich. Vergleichen wir *schwächen : schwach* mit *kränken : krank*,
so fühlen wir deutlich, wie dort unter formal ganz gleichen Bedingungen der Zusammenhang
ungleich inniger ist. Immerhin besteht auch hier noch eine unverkennbare Bedeutungsverwandtschaft, und deshalb ist das Gefühl für die Zusammengehörigkeit noch nicht erloschen.

Ist aber einmal der Anfang mit einer gesonderten Bedeutungsentwicklung gemacht, so ist
damit die Möglichkeit immer weiterer Isolierung gegeben, die auch durch die feste-
sten lautlichen Bande nicht gehindert werden kann. Das ist z. B. der Fall bei *schmälen* in seinem
Verhältnisse zu *schmal* und *schmälern*. Die Grundbedeutung von *schmal* : ‚klein gering‘ (vgl. engl.
small, auch *Schmaltier*), die noch im Mhd. vorherrscht, hat sich nach zwei Richtungen hin
verengert; *schmal* bildet jetzt einmal den Gegensatz zu *breit* und sodann zu *reichlich* (*schmale
Kost*). Die jüngere Ableitung *schmälern* hat sich an diese Bedeutungsentwicklung angeschlossen;
nur wird in der ersten Bedeutung jetzt lieber *verschmälern* gesagt. Mithin ist hier eine Scheidung ebensowenig eingetreten, wie etwa bei *verzärteln : zart*. Die ältere Ableitung *schmälen*
dagegen hat aus der urspr. und noch mhd. Bedeutung ‚verringern‘ die übertragene ‚herabsetzen,
schelten‘ entwickelt. Dadurch ist der Zusammenhang in dem Maße verdunkelt, daß unser
Sprachgefühl *schmälen* lieber mit dem ganz unverwandten *schmähen* (vgl. *schmählich*) zusammen-
stellt, eine Thatsache, die in der häufigen Schreibung *schmählen* ihren sichtbaren Ausdruck findet.

So ist die eigenartige Bedeutungsentwicklung eines Teiles verwandter Wörter im stande,
den Zusammenhang zu lockern. Dabei ist Voraussetzung, daß die jüngere Bedeutung die allein

herrschende geworden ist. Nicht selten aber ist die ältere Bedeutung daneben noch erhalten; sie bildet dann ein Band, das die selbständiger gewordenen Glieder der Verwandtschaft noch mit den übrigen verknüpft. Das zeigt z. B. *schenken : Schenk Schank*. Die Grundbedeutung ist die des Einschenkens und Darreichens einer Flüssigkeit; das Ztw. hat daraus in spätmhd. Zeit die allgemeinere Bedeutung des unentgeltlichen Darreichens entwickelt, daneben aber die ursprüngliche bis heute behalten. Infolge davon ist der Zusammenhang mit *Schenk Schank* bewahrt geblieben. Die Ableitung *Geschenk* bezeichnete im Mhd. auch das Eingeschenkte, hat sich aber später ganz auf die jüngere Bedeutung beschränkt. Gleichwohl bleibt auch sie eben infolge jener Doppelbedeutung des Ztw. mit der ganzen Familie eng verbunden. Wenn man bei dieser Wortsippe von einer Spaltung für das Bewußtsein sprechen will, so liegt sie auch schon innerhalb des Ztw.; davon wird später zu reden sein.

Wie der Zusammenhang gelockert wird. wenn sich die Bedeutung einseitig ändert, mögen noch folgende Beispiele zeigen: *rüsten : rüstig; schmachten : schmächtig; Scheit : scheitern* (in Scheiter gehen); *Schild : schildern* (das Wappenschild bemalen); *dampfen : dämpfen* (= rauchen machen, näml. das Feuer); *singen : sengen* (= singen machen, näml. das Wasser; vgl. dagegen *trinken : tränken*); *dürr : Durst* (urspr. Trockenheit überhaupt). — Ob die Ableitung, wie in diesen Beispielen, eine selbständige Bedeutungsentwicklung aufweist oder ob sie die ältere Bedeutung bewahrt, während das Grundwort sie weiter entwickelt, macht für das Sprachbewußtsein keinen Unterschied. Beispiele: *schielen : scheel* (eig. schielend; vgl. dagegen *gilben : gelb); Wirbel : werben* (= sich drehen); *zeigen : zeihen* (urspr. überhaupt = zeigen); *Verzicht : verzeihen* (früher = entsagen; vgl. dagegen *bezichtigen : zeihen*).

Weiter aber können beide Teile, Grundwort und Ableitung, ihre Bedeutung in verschiedener Weise entwickeln, sich also von einem gemeinsamen Ausgangspunkte nach verschiedenen Richtungen hin von einander entfernen. Beispiele: *Rede* (= Rechenschaft, vgl. *zur Rede stellen): redlich* (= was man verantworten kann) (vgl. dagegen *Ehre : ehrlich); Geschmeide* (das Geschmiedete): *geschmeidig* (leicht zu schmieden); *machen : gemach* (Grundbed. passend zusammenfügen); mit stärkerer lautlicher Scheidung *gar : gerben*. Derselbe Vorgang kann bei verschiedenen Ableitungen wiederkehren, so daß die ganze Wortsippe in mehrere Glieder auseinanderfällt, zwischen denen für das Sprachgefühl keine Gemeinschaft besteht, vgl. *gebären* und seine Ableitungen *Bahre, gebaren Gebärde, Bürde*. Die Einengung oder verschiedenartige Ausbildung des Grundbegriffes .tragen' hat alle diese Wörter von einander entfernt. Daß nicht die lautliche Verschiedenheit das wesentliche ist, zeigen *Geburt gebürtig*, die sich trotzdem wegen ihres Bedeutungsparallelismus eng an *gebären* anschliessen. Bei völliger Gleichheit der Stammsilbe ist die Sippe von *Weide* (Grundbed. Nahrung, Nahrung suchen) zerfallen: 1. *Weide weiden*. 2. *Weidmann* usw. 3. *weidlich* (eig. jagdgemäß). 4. *Eingeweide ausweiden*. 5. das umgedeutete *anderweit* (mhd. *anderweide*).

Eine ähnliche Wirkung muß es haben, wenn mehrere Ableitungen desselben Grundwortes sich in besonderer Weise entwickeln, das Grundwort selber aber verloren geht und so seine zusammenhaltende Kraft nicht mehr ausüben kann. Während z. B. *raten* und *Gerät* trotz ihrer Bedeutungsverschiedenheit in dem gemeinsamen Grundworte * *Rat* (vgl. *Hausrat Vorrat*) einen Einigungspunkt haben, fehlt dieser für *senden* und *Gesinde*, weil deren Grundwort ahd. *sind* = Reise ausgestorben ist (*Gesinde* urspr. = Reisegefolge; *senden* = eine Reise machen lassen).

Auch das Abhandenkommen einer bestimmten Vorstellung, das Vergessen einer kulturgeschichtlichen Thatsache kann das Wort, das ihr seine Bedeutung verdankt, von seiner Verwandtschaft losreißen. *Buchstabe* ist urspr. der „Buchenstab', auf den die Zauberrune eingeritzt wurde; *Buch* selbst ist nichts anderes, es bezeichnete anfangs den

---

* Sprachgeschichtlich zwar ist *raten* als st. Ztw. keine Ableitung von *Rat*, wohl aber für das Sprachbewußtsein.

einzelnen ‚Buchstaben' und erhielt dann, zunächst nur in der Mehrzahl, die Bedeutung·eines Schriftstückes (vgl. *litterae*, γράμματα). Alles das ist längst vergessen; für das heutige Sprachbewußtsein besteht zwischen *Buch* und *Buche* kein größerer Zusammenhang als zwischen völlig unverwandten, aber zufällig lautgleichen Wörtern, wie etwa: *der Kiefer* und *die Kiefer*. — Der Ausdruck *Stutzer* zur Bezeichnung eines Kleidergecken ist nur begreiflich aus einer Zeit, in der die Mode eine ‚gestutzte', kurze und knappe Kleidung erforderte. Darum muß heute das Verhältnis von *Stutzer* und *stutzen* verdunkelt sein. Daß *Fuchtel* zu *fechten* gehört, konnte nur so lange deutlich gefühlt werden, als damit wirklich ein ‚Degen zum Fechten' bezeichnet wurde; die lautliche Scheidung ist nicht grösser als zwischen *Würfel* und *werfen*.

Ob alte Vorstellungen verloren gehen oder ob gewisse Anschauungen nur innerhalb eines engeren Kreises der Sprachgemeinschaft, z. B. einer Berufsart, geläufig, im übrigen aber unbekannt sind, macht für das Sprachbewußtsein der Mehrheit keinen Unterschied aus. Nur wer das Hüttenwesen kennt, weiß, daß *verquicken* mit *Quecksilber* zusammenhängt und urspr. die Verbindung zerstreuter Goldteile mit ‚Quecksilber' (das Amalgamieren) bezeichnet. Daß *ausmerzen* eig. das im ‚März' stattfindende Ausscheiden der untauglichen Schafe bedeutet, also von *März* abgeleitet ist, kann nur der Kenner der einschlägigen Verhältnisse wissen. Hier ist ein Punkt, wo von einer Verschiedenheit des etymologischen Bewußtseins je nach der besonderen Bildung des einzelnen geredet werden kann; aber das Sprachbewußtsein der Gesamtheit ist dennoch im wesentlichen dasselbe. Für sie ist das verwandtschaftliche Verhältnis zwischen den angeführten Wortpaaren verdunkelt, eine Thatsache, die bei *ausmerzen* auch in der Schrei-. bung mit *e* zum Ausdrucke kommt.*

Die zuletzt besprochenen Wörter (*verquicken*, *ausmerzen*) haben das Gemeinsame, daß sie nur in ihrer bildlichen Verwendung geläufig sind, dagegen die Sache selber, auf der Vergleich beruht, dem Sprechenden fremd ist. Es ist aber auch möglich, daß uns die Sache, die zu einem bildlichen Ausdrucke verwandt wird, an sich ganz geläufig ist, daß sich aber unsere Auffassung der zu vergleichenden Begriffe, unser Geschmack in der Verwendung von Bildern geändert hat. Auch hierdurch müssen überlieferte bildliche Ausdrücke im Sprachbewußtsein ihre Beziehung zu dem Grundworte lockern. Ein sich aufbäumendes Pferd mit dem gerade emporgewachsenen ‚Baume' zu vergleichen, sind wir nicht mehr geneigt; und doch beruht (*sich*) *bäumen* auf dieser Anschauung (vgl. noch *Burzelbaum*). In dem am Gestade tosenden Meere finden wir schwerlich eine Aehnlichkeit mit einem flammenden ‚Brande'; die Ausdrücke *branden* und *Brandung* wurzeln aber in einem solchen Vergleiche. Noch weniger empfänglich sind wir jetzt für eine Anschauung, die in dem Aufhören einer Bewegung die Erstarrung zu etwas ‚stock'- oder klotzartigem sieht, wie es zum Ausdrucke kommt in *stocken* (zunächst von Flüssigkeiten: *das Blut stockt*, dann auch in weiterer Anwendung). Es ist unzweifelhaft, daß die genannten Wörter zu ihren Grundwörtern nicht mehr in dem engen Verhältnisse stehen, das nach ihrer nahen Verwandtschaft und lautlichen Uebereinstimmung zu erwarten wäre. — —

Im Vorstehenden sind verschiedene Hauptbedingungen erörtert, unter denen verwandte Wörter durch eigenartige Bedeutungsentwicklung eines oder beider Teile ihre Zusammengehörigkeit mehr oder weniger aufgeben. Aber unter den angeführten Beispielen sind einmal solche, in denen das Sprachgefühl, wenn auch mit einigem Widerstreben, die Verwandtschaft noch empfindet (*bäumen*), und wieder andere, in denen es keine Spur verwandtschaftlicher Beziehungen mehr wahrzunehmen vermag (*Buch*). Es fragt sich nun, unter welchen Umständen die Trennung vollständig wird. Die Art des Bedeutungswandels bietet uns kein Mittel, diese Frage zu beantworten. Ob eine Verengerung des Begriffes vorliegt, wie in *läuten : laut*, eine Erweiterung, wie in *Geräusch : rauschen*, eine Uebertragung, wie in *merken : Marke*, macht

---

* So bezeugt die Schreibweise oft die Stellung des Sprachgefühls; vgl. *märkisch : Mark*, aber *merken :. Marke*, *fällen : Fall*, aber *stellen : Stall*, *älteren* und *Eltern* u. v. a. S. auch ob. *schmählen*.

keinen wesentlichen Unterschied. Es kommt hier lediglich auf das Maß der Bedeutungsspaltung an. Je weiter die Bedeutungen zweier verwandter Wörter auseinandergehen, um so lockerer wird der Zuhammenhang, bis ein Punkt erreicht wird, wo die Trennung vollständig wird, d. h. wo wir von der mit dem Grundworte verknüpften Vorstellung in der Ableitung nichts mehr empfinden. So allgemein und wenig befriedigend diese Bestimmung ist, so ist sie doch zunächst, wenn man alle Fälle berücksichtigen will, unvermeidlich. Dies liegt an der Natur des Gegenstandes; denn jeder einzelne Fall liegt wieder anders und ist, streng genommen, für sich zu beurteilen. Es lassen sich aber doch gewisse Bedingungen ausfindig machen, unter denen eine völlige Lösung der verwandtschaftlichen Beziehungen mit Sicherheit erwartet werden kann.

1. Es kann in einem Worte aus der allgemeineren Grundbedeutung ein so bestimmter und eigenartiger Begriff ausgeprägt werden, daß sich von jener keine Spur mehr erkennen läßt. *Gift* bezeichnet urspr. jede Gabe (Formel der alten Rechtssprache: *Gift und Gabe*), dann wird es ein verhüllender Ausdruck für den ‚eingegebenen' verderblichen Trank (vgl. *vergeben* früher = ‚vergiften'), endlich die Bezeichnung jedes auf den Körper zerstörend wirkenden Stoffes, und dieser chemische Begriff des Schädlichen und Zerstörenden ist jetzt in dem Worte so scharf und einseitig ausgeprägt, daß jede Beziehung zu *geben* erloschen ist und auch durch das verwandte *Mitgift* (mit bewahrter Grundbedeutung) nicht gestützt wird, zumal *Gift* das weibl. Geschlecht mit dem sächl. vertauscht hat. Ebenso hat sich *Gemach* (urspr. ‚Bequemlichkeit') von *gemach* und selbst von *Ungemach* gelöst; *Sänfte* von *sanft*, zu dem es Abstraktbildung ist; *der Hut* (eig. ‚Schutz des Kopfes') von: *die Hut* (vgl dagegen *Schirm* mit seiner vielseitigen Bedeutung); *Schnalle* (‚schnellende Vorrichtung') von *schnell schnellen*. — *Tugend* ist abgeleitet von *taugen* und bedeutet urspr. ‚Tauglichkeit, Tüchtigkeit' (*tüchtig* ist desselben Stammes) und nicht blos von Menschen, sondern auch von Tieren und Sachen. Aber mit der Zeit ist der Begriff nach der sittlichen Seite hin so sehr vertieft, daß die Zugehörigkeit zu *taugen* nicht mehr empfunden wird. Dies wird allerdings dadurch begünstigt, daß die Ablautstufe *u* im Ztw. geschwunden ist (mhd. Präs. Einz. *touc*. Mehrz. und Inf. *tugen*) (vgl. S. 6). *Dank* ist nichts als das ‚Denken', hat aber seine Bedeutung so eingeengt (vgl. *erkenntlich*), daß kein Zusammenhang mit *denken* und selbst mit *Gedanke* mehr empfunden wird. — *Zunft* ist Abstraktbildung zu *ziemen* und bedeutet urspr. das ‚Geziemende', dann eine nach bestimmten Satzungen eingerichtete Genossenschaft, insbes. der Gewerke. Diese Bedeutung des Körperschaftlichen aber hat sich so einseitig herausgebildet, daß die zu Grunde liegende Bedeutung und damit der Zusammenhang mit *ziemen* völlig verwischt ist. Gewiß kommt auch die lautliche Spaltung hinzu; daß diese aber nicht den Ausschlag giebt, zeigt *Ankunft: ankommen* usw. Dem od. *Zunft* entspricht das nd. *Gilde* nicht blos in seiner jetzigen Bedeutung, sondern teilweise auch in seiner Entwicklung. Sein Zusammenhang mit *Geld* (eig. ‚Beisteuer') und *gelten* (‚zahlen') ist nicht minder gelöst.

Was wir an Bezeichnungen für konkrete Dinge, sittliche und geistige Begriffe, Formen des gesellschaftlichen Lebens gesehen haben, finden wir gleichfalls bei Eigenschafts- und Thätigkeitsbezeichnungen. Beispiele: *hell* (urspr. nur ‚tönend'): *hallen: schlecht : schlichten* (das ‚Schlichte', Einfache als minderwertig aufgefaßt, *schlicht* ist jüngere Ersatzbildung; vgl. dagegen *recht : richten*); *rechnen* (eig. ‚sammeln, zusammenzählen', vgl. *lesen*) : *Rechen; fasten* (= ‚fest an sich halten') : *fest*.

Die scharfe Ausprägung der Begriffe kann auch beiderseitig sein, so in *Reich* (urspr. ‚Königsherrschaft') : *reich* (‚königlich, mächtig, viel besitzend'). Trotz der lautlichen Übereinstimmung besteht hier für das Sprachbewußtsein gewiß kein engerer Zusammenhang als zwischen den unverwandten *Arm* und *arm;* man ist vielmehr geneigt, *Reich* zu dem ganz verschiedenen *reichen Bereich* zu stellen. Ferner: *schalten : schelten* (Grundbed. beider ‚stoßen'); *Schmach : schmachten* (nebst *schmächtig,* s., S. 14) (Grundbed. der Sippe ‚klein gering').

2. Der scharfen Umgrenzung allgemeinerer Vorstellungen ist entgegengesetzt die **Ver-allgemeinerung oder Verblassung bestimmter. meist sinnlich anschaulicher Begriffe.** *Geselle* ist der ,Saal-' oder Hausgenosse, hat aber seine Bedeutung so verallgemeinert (vgl. bes. auch *gesellen gesellig Gesellschaft* usw.), daß nicht der geringste Zusammenhang mit *Saal* mehr empfunden wird. In dem gleichartigen *Gefährte* ist der Zusammenhang mit *Fahrt* noch ziemlich bewahrt; aber auch hier ist die urspr. Bedeutung so erweitert, daß man sich, um sie voll auszudrücken, zu der Zusammensetzung *Reisegefährte* gezwungen sieht. Völlig gelöst aber ist der Zusammenhang in einer anderen Ableitung von *Fahrt*. *Fertig* bedeutet urspr. ,zur Fahrt gerüstet, reisefertig', und dieser Sinn ist auch heute noch nicht ganz erloschen; aber daneben ist allmählich eine solche Verallgemeinerung und vielfältige Anwendung des Wortes eingetreten, daß der Zusammenhang mit *Fahrt* vollständig aufgegeben ist. Wir können hier sogar den Zeitpunkt angeben, vor dem die Isolierung wenigstens begonnen haben muß, nämlich vor der im Spätmhd. eintretenden Vokaldehnung. Diese Dehnung trat lautgesetzlich nur in offenen Silben ein *(fahren Fähre)*, hat aber analogisch um sich gegriffen und ist so auch auf *Fahrt Führte Gefährt Gefährte* übergegangen. Sie wäre sicher, wie in *geverte*, so auch in *vertec* eingetreten, wenn dies Wort nicht schon damals eine Sonderstellung eingenommen hätte. Die erhaltene Kürze fördert natürlich ihrerseits die Isolierung. Ähnlich ist das Verhältnis von *bereit* : *reiten* (*bereit* urspr. = ,reisefertig'; *reiten* = ,sich fortbewegen' überhaupt). Während in *handlich* die Beziehung auf *Hand* noch deutlich gefühlt wird, ist sie in *handeln* erloschen, weil hier die urspr. Bedeutung ,mit den Händen fassen' zu dem Begriffe ,verrichten verfahren' verallgemeinert ist. Zwar hat sich diese allgemeine Bedeutung wieder in mannigfaltige besondere Anwendungen (vgl. auch *Handlung*) verzweigt, aber nirgends tritt die urspr. sinnliche Bedeutung mehr hervor. Ähnliche Verallgemeinerungen liegen vor in *Ding* (urspr. ,gerichtliche Verhandlung') : *dingen bedingen*, sowie (beiderseitig) in *Sache* (eig. ,Streitsache', vgl. *Sachwalter Widersacher*) : *suchen* (,einen gerichtlichen Streit begehren'); vgl. dazu *cosa chose* aus *causa*.

In anderen Fällen spricht man richtiger von einer Verblassung oder Abschwächung als von einer Verallgemeinerung der Bedeutung. Einer solchen Verblassung des ursprünglichen sinnlichen Gehaltes sind bes. die Umstandswörter ausgesetzt, weil ihnen die Aufgabe zufällt, Handlungen oder Eigenschaften vor allem quantitativ näher zu bestimmen, zu steigern oder einzuschränken. Je häufiger die Verwendung, um so stärker die Verblassung. Beispiele: *häufig leidlich beträchtlich erheblich ziemlich* (wie ἐπιεικῶς) (diese auch als Adj.); *eigentlich gleich bereits* (für das ältere *bereit* = schon) *stets gewiss*, noch mehr nd. *wisse, freilich, frei* zur Bekräftigung in od. Mundarten (Rosegger: *man kennt sich frei nicht aus*), *wohl eben bloss gar*, mhd. *harte* = sehr, *dicke* = oft. engl. *still* = noch, lat. *certe verum sane*, τάχα ἴσως usw. In allen diesen Fällen ist aber der Zusammenhang mit den Verwandten noch mehr oder minder fest bewahrt, weil neben der abgeschwächten die Grundbedeutung wenigstens in dem zugehörigen Eigenschaftsworte erhalten ist. Wenn dies aber verloren geht, tritt eine völlige Sonderung ein. So ist das Gefühl für die Grundbedeutung von *sehr* (= ,schmerzhaft', dann ähnlich gebraucht wie *furchtbar schrecklich* usw. in der heutigen Umgangssprache) völlig erloschen; das Wort hat daher den Zusammenhang mit seiner in urspr. Bedeutung erhaltenen Verwandtschaft (die freilich nicht mehr groß ist: *versehren unversehrt*) aufgegeben. Ebenso *weidlich* (eig. ,jagdgemäß', dann ,stattlich') : *Weide* (s. S. 14). Auch zwischen *nämlich* und *Name* ist der Zusammenhang erloschen (vgl. dagegen *namentlich*), zumal da, wo das *ä* die urspr. Kürze bewahrt hat (s. ob. *fertig*). Ferner *wenig* (eig. ,weinenswerth', dann ,schwach') : *weinen*; zur Bedeutung vgl. franz. *faible* aus *flebilis*. Wie hier die Sonderung durch lautliche Verschiedenheit unterstützt wird, so auch bei *fast* : *fest, schon* : *schön* (s. S. 7). Die Abschwächung der Bedeutung führt hier sogar zu einer Trennung von dem zugehörigen Eigenschaftsworte. Vgl. lat. *ferme* : *firmus, valde* : *validus*. — Auch Beteuerungsformeln und Ausrufe unterliegen ihrer Natur nach bei häufigem Gebrauche einer starken Verblassung, die zu völliger Verkennung und weiterhin zu lautlichen Schwächungen

und Entstellungen führen kann, vgl. z. B. *Herrjes* und seine Nebenformen wie *Harrjes* usw.
So verrät sich auch bei *wahrhaftig wahrlich* in der verbreiteten Kürzung des Stammvokales
eine leichte Trübung des etymologischen Zusammenhanges (vgl. dagegen *wahrhaft*).

3. Neben der scharfen Ausprägung der Begriffe einerseits und ihrer Verallgemeinerung
oder Verblassung anderseits muß endlich als ein wichtiger zu völliger Scheidung beitragender
Faktor das M i t w i r k e n e i n e r f o r m a l e n V e r s c h i e d e n h e i t genannt werden, mag sie
erst eine Folge der begrifflichen Sonderung sein (wie z. B. bei *fertig*) oder nicht. Zwar ist
lautliche Verschiedenheit zur Trennung verwandter Wörter durchaus nicht unbedingt erforderlich, wie wir genugsam gesehen haben; die begriffliche Scheidung kann an sich stark genug
sein (*Buch Reich*). Anderseits aber ist lautliche Übereinstimmung imstande, ein Auseinanderfallen verwandter Wörter wenigstens bis zu einem gewissen Grade aufzuhalten. Denn durch
die Gleichheit der Lautbilder wird das etymologische Bewußtsein auch bei einer erheblicheren
Bedeutungsspaltung immer wieder geweckt. Dagegen wird, wenn nur die Bedeutungsverschiedenheit groß genug ist, schon eine geringere lautliche Verschiedenheit hinreichen, um die Trennung
vollständig zu machen. Außer manchen schon oben angeführten Beispielen vergleiche man
noch *stetig* : *bestätigen* ; *Schlaf* : *schlaff*; *hallen* : *ein- misshellig*; *schön* : *schonen* (eig. ,auf schöne
Weise behandeln'); *borgen* : *Bürge*. Dagegen ist z. B. in *Flucht* : *fliehen*, *Frost* : *frieren* die Bedeutungsentsprechung groß genug, um die starke Formverschiedenheit zu überwinden. Man
kann also sagen: je weiter die Bedeutung verwandter Wörter auseinandergeht, eine um so
geringere Formverschiedenheit genügt, um den etymologischen Zusammenhang für das Sprachbewußtsein völlig zu zerreißen. Oder allgemeiner gefaßt: das Maß der Lockerung verwandter
Wörter wird bestimmt zugleich durch das Maß ihrer lautlichen und begrifflichen Scheidung.
Was von beiden einflußreicher ist, kann nicht gesagt werden, da jeder gemeinsame Maßstab,
mit dem man Laut- und Bedeutungsabweichungen messen könnte, fehlt und fehlen muß.

Wie entscheidend eine hinzutretende Formverschiedenheit wirken kann, mögen noch die
drei von *Hof* abgeleiteten Eigenschaftswörter *höfisch höflich* und *hübsch* zeigen. *Höfisch* steht
nicht nur lautlich, sondern auch begrifflich dem Grundworte (wenigstens in einer von dessen
Bedeutungen) am nächsten. *Höflich* entfernt sich in seiner Bedeutung, an das ,hofgemäße' Be-
nehmen denken wir nicht mehr; aber die lautliche Übereinstimmung stellt es noch zu *Hof*,
zumal da gewisse Anwendungen dieses Wortes (*den Hof machen*) den Zusammenschluß erleichtern.
Hübsch endlich war urspr. nichts anderes als *höfisch* * und hatte auch dieselbe Bedeutung
(mhd. *hübesch* = *hövesch*), hat dann aber seine Bedeutung durchaus selbständig entwickelt und
steht jetzt, dank dem abweichenden Lautbilde, völlig getrennt von *Hof* da. Vgl. ferner das
verschiedene Verhältnis, in dem *gehässig hässlich hetzen* zu *Hass hassen* stehen oder *mässig
gemäss Metze* zu *Mass messen*. — Wie Laut- und Bedeutungsscheidung zusammenwirken, mag
man endlich noch an folgenden Beispielen ermessen: *schauen* : *schön* (eig. ,des Schauens wert',
vgl. *ansehnlich*); *gut* : *Gatte* (Grundbegriff ,zusammengehörig'); *besser* : *Busse* (vgl. *Lückenbüsser*
und *vergüten*); *los* : *verlieren*; *teuer* : *bedauern* (mhd. *mich türet eines dinges* = ,mir ist etwas
teuer'); *schmiegen* : *schmücken* (eig. ,die Kleider anschmiegen') usw. — —

So führt der Wandel der Bedeutung auf verschiedenen Wegen und in verschiedenem Maße
eine Lockerung der verwandtschaftlichen Verbände herbei. Das Gesagte gilt in erster Linie
von A b l e i t u n g e n. Für Z u s a m m e n s e t z u n g e n und W o r t v e r b i n d u n g e n ist aber auch
zu beachten, daß sehr oft trotz weitgehender Bedeutungsscheidung der etymologische Zusammenhang bewahrt bleibt und deutlich empfunden wird, ohne daß sich jedoch das Sprachbewußtsein
noch Rechenschaft über den begrifflichen Zusammenhang zu geben vermöchte. Dies ist besonders der Fall bei zahlreichen mit Vorsilben zusammengesetzten Zeitwörtern, z. B. *aufhören*
bestechen entrüsten erfahren gefallen gehören geraten gestehen verstehen usw., auch solchen wie

---

* Genauer die streng lautgesetzlich behandelte Ableitung von *Hof*, während *höfisch* eine jüngere
Neubildung ist.

mutmassen willfahren usw. Hier hat zuweilen selbst der Sprachforscher Mühe, die Bedeutung aus dem Grundworte heraus zu erklären; für *verstehen* ist noch immer keine völlig befriedigende Deutung gefunden. So ist es begreiflich, daß dem naiven Sprachbewußtsein der Zusammenhang verborgen bleibt. Und doch besteht unzweifelhaft ein stark ausgeprägtes Gefühl der Zusammengehörigkeit, das seine Stütze und zugleich seinen Ausdruck in der durchgängigen Gleichheit von Form, Abwandlung und Ableitungen (*Verstand* wie *Stand*) findet. In dieser Hinsicht ist zwischen *verstehen* und *vorstehen, aufhören* und *zuhören* kein Unterschied, obwohl bei den an zweiter Stelle genannten Wörtern die Bedeutungsverhältnisse völlig durchsichtig sind. So groß ist hier die Macht der formalen Übereinstimmung gegenüber starker begrifflicher Scheidung.

Die Bedeutung der eben besprochenen Zusammensetzungen beruht zumeist auf Übertragung oder bildlicher Verwendung ganz bestimmter Vorstellungen. *Gestehen* z. B. geht in der ihm allein gebliebenen Bedeutung auf das Erscheinen, ‚Sichstellen' vor Gericht zurück, woraus sich die Bedeutung des Bekennens entwickelt hat. So sind in diesen Wörtern erstarrte Reste alter Vorstellungen erhalten, die, ihrem Ursprunge nach verdunkelt, gleichwohl ihren lautlich-etymologischen Zusammenhang bewahrt haben. Nicht anders verhält es sich mit vielen bildlichen Wendungen und sprichwörtlichen Redensarten, deren Entstehung und ursprüngliche Bedeutung dem Sprachbewußtsein verborgen ist, die aber trotzdem ihren Zusammenhang mit den beteiligten Wörtern nicht aufgegeben haben. Daß Wendungen wie *ins Zeug gehen* oder *einem die Stange halten* im Turnierwesen ihren Ursprung haben, daß *Aufhebens machen* aus der Sprache der Fechter stammt, *aufs Korn nehmen* aus der der Schützen, u. v. a. ist heute vergessen, und doch liegt der äußere etymologische Zusammenhang überall deutlich vor. Hierher gehören auch viele attributivische und bes. präpositionale Ausdrücke, wie *kurzer Hand, vor der Hand, aus freien Stücken*, ferner Zusammensetzungen wie *Steckbrief Eselsbrücke Frauenzimmer*, zumal solche, die ein Wort in einer älteren, sonst abgestorbenen Bedeutung enthalten, wie *dingfest* (*Ding* = ‚gerichtliche Verhandlung'), *Leichdorn* (*Leiche* = ‚Körper'), *Lückenbüsser* (*büssen* = ‚ausbessern'), *Leibzucht* (*Leib* = ‚Leben', *Zucht* = ‚Unterhalt'), vgl. auch Zusammenrückungen oder feste Verbindungen wie *beileibe, schlechthin, schlecht und recht* (*schlecht* = ‚schlicht') usw. Überall sehen wir Verdunklung der urspr. Bedeutung, aber Klarheit der etymologischen Bestandteile.

Endlich reihen sich hier auch jene Wörter an, die ihre Bedeutung in verschiedener Richtung entwickelt haben, z. B. *Feder Büchse sprengen*. Das Gefühl für die Identität des Wortes ist vorhanden, der Zusammenhang der verschiedenen Bedeutungen jedoch mehr oder minder verdunkelt. Wie aber eine solche mehrfache Bedeutung unter günstigen Umständen gradezu zu einer Wortspaltung führen kann, davon wird später zu handeln sein. In allen diesen zuletzt besprochenen Fällen können wir zwar nicht von einer Lockerung, geschweige denn von einer Lösung der verwandtschaftlichen Beziehungen sprechen; aber ist auch die Wirkung eine andere, so liegt doch eine nach Wesen und Ursprung aufs engste verwandte Erscheinung vor.

c) Absterben von Wörtern.

Es ist schon gelegentlich darauf hingewiesen, daß Laut- und Bedeutungswandel in ihren Wirkungen durch das Aussterben ganzer Wörter unterstützt werden können, vgl. *trinnen* S. 6 und *sind* S. 14. Die Erscheinung ist wichtig genug, um noch einmal kurz berührt zu werden. Der Untergang des Grundwortes führt durchaus nicht notwendig zu einer Auflösung der Sippe. *Mündel mündig* und *Vormund* stehen sich lautlich und begrifflich nahe genug, um dem Sprachgefühle als zusammengehörig zu erscheinen. Aber auch bei diesen Wörtern hat das Aussterben des einfachen *Mund* (‚Schutz') eine Anlehnung an das ganz unverwandte *Mund* (lat. os) zur Folge gehabt, die noch stärker ist in der Zusammensetzung *mundtot*. — In anderen Fällen liegen die Verhältnisse ungünstiger. Daß *Welle wallen* (‚heftig wogen') und *Wulst*, lauter Ab-

3*

leitungen des ausgestorbenen st. Ztw. *wellen* ‚runden, rollen', heute einander mehr oder weniger entfremdet sind, hat seinen Grund sicherlich nicht nur in ihrer besonderen Bedeutungsentwicklung, sondern auch in dem Verluste des einigenden Mittelpunktes; vgl. dagegen *Schwall* und *Schwulst*: *schwellen*. Auch *klieben* (‚spalten') ist heute wenigstens in der Schriftsprache kein lebendiges Wort mehr. Infolge davon hat die zugehörige Abstraktbildung *Kluft* (wie *Flucht*: *fliehen*) ihren Anschluß verloren. Denn die übrigen Ableitungen derselben Wurzel, wie *klauben* und *Kloben*, stehen lautlich und begrifflich nicht nahe genug. Deshalb wird *Kluft* von dem Sprachgefühle vielmehr zu *klaffen* gezogen, mit dem es etymologisch nichts gemein hat.

So kann durch den Untergang des Grundwortes nicht bloß eine Mehrheit von Ableitungen ihren Zusammenhang verlieren, sondern auch die einzelne Ableitung völlig isoliert werden, während sie vordem einer, wenn auch noch so kleinen, Familie angehörte. Beispiele: *Meissel*: mhd. *meizen* ‚hauen schneiden'; *Schrunde*: mhd. *schrinden* ‚bersten': *niedlich*: ahd. *niot* ‚Verlangen'; *erdrosseln*: altnhd. *Drossel*, mhd. *drozze* ‚Kehle'; *verbrämen* zu dem nur in gewerblichen Kreisen noch erhaltenen *Bräm(e)* ‚Rand'; *behelligen* zu dem bis ins Nhd. lebendigen *hellig* ‚ermüdet'; *abgefeimt* zu dem nicht mehr schriftsprachlichen *Feim* ‚Schaum' (zur Bedeutung *raffiniert*) usw.

In anderen Fällen sind alte, im übrigen ausgestorbene Wörter nur noch in unverstandenen Zusammensetzungen erhalten, wie *Demut Nachtigall* usw.; davon später. Ähnlich, wenn auch weniger eingreifend ist es, wenn einfache Zeitwörter durch Zusammensetzungen verdrängt werden, z. B. *vergeuden* (mhd. neben *vergiuden* noch *giuden* und *überg*.), *verdriessen*, bes. solche mit *ge-*: *gedeihen gelingen*, auch Nomina, wie *Gefahr Geschlecht gesund gemein* usw. Eine etymologische Verdunklung tritt auch bei den Wörtern ein, die nur in Zusammensetzungen mit dem verneinenden *un-* erhalten sind, wie *ungestüm Ungeziefer* usw. So ist das Aussterben von *geschlacht* ein Hauptgrund, daß *ungeschlacht* seine Beziehungen zu *Geschlecht* (vgl. zur Bedeut. lat. *ingens*: *gens*) aufgegeben hat. Es kommt hinzu, daß auch das Grundwort von *Geschlecht*, mhd. *slahte*, untergegangen ist. Mit anderen Worten: von den vier Gliedern der Familie, die noch in mhd. Zeit vorhanden waren: *slahte geslahte geslaht ungeslaht* sind zwei ausgestorben, und dadurch ist die Lockerung des Zusammenhanges zwischen den überlebenden begünstigt.

Eine ähnliche Isolierung ist es endlich auch, wenn von einem Worte nur eine einzelne Form erhalten bleibt, während es übrigens abgestorben ist, so *hurrah* (Imper. von mhd. *hurren* ‚eilen'), *gnade Gott* (kaum noch verstandener Konj. von *gnaden*). Hierher gehören besonders viele Partiz., die, zu Eigenschafts- oder Hauptw. erstarrt, den einzigen Rest alter Ztw. bilden, wie *gedunsen verrucht* usw. Sie werden uns an anderer Stelle noch beschäftigen. Ferner Umstandswörter, deren zugehörige Eigenschaftswörter nicht mehr lebendig sind, so außer den ob. S. 17 besprochenen *sehr weidlich*: *bald kaum schier* (‚beinahe') u. a. Insbesondere hat *gern*, seitdem das Adj. mhd. *gern* (‚begierig') untergegangen ist, seinen Anschluß an die verwandten *begehren* usw. aufgegeben; ähnlich der zum Adv. gewordene Gen. *stracks*: *strecken* u. a. Auch wenn Wörter nur in einer bestimmten Verbindung erhalten sind, im übrigen aber nicht mehr leben, wird dadurch eine Unsicherheit des etymologischen Bewußtseins herbeigeführt, so bei *gäng und gäbe*, *im Schwange sein*, *zur Rüste gehen* u. a.

II. Das Verhältnis der Ableitung zum Grundworte.

Wir verändern jetzt den Standpunkt. Haben wir bisher die wichtigsten Ursachen betrachtet, die eine Lockerung oder Lösung der verwandtschaftlichen Beziehungen herbeiführen, so ist nun zu erörtern, wie sich für das Sprachbewußtsein die Ableitungen als solche zu ihren Grundwörtern verhalten. Außer der Wirkung der eben besprochenen Ursachen ist hier vor allem von Wichtigkeit, ob und wie weit die eigentümliche Bedeutung der Ableitungssilbe* zur Geltung kommt. In dem denkbar engsten Zusammenhange mit dem Grundworte steht die Ableitung dann, wenn sie von dem Sprechenden selber geschaffen wird als Nachbildung gewisser in seinem Bewußtsein wirkender Vorbilder, die er ursprünglich gedächtnismäßig erlernt hat. In diesem Falle findet das Grundwort lautlich und begrifflich in der Ableitung seine vollkommene Entsprechung, die nur durch die Ableitungssilbe ihre besondere Ausprägung erhält. Zu solchen Neubildungen ist jeder fähig und berechtigt. Was in diesem Sinne für den einzelnen eine Neubildung ist, braucht nicht eine unbedingt neue Schöpfung zu sein; ich kann ein Wort selbständig schaffen, das schon früher und vielleicht wiederholt geschaffen worden ist. Hierher gehören z. B. die Bezeichnungen der handelnden Personen auf -er, die Abstraktbildungen auf -ung und -ei, die nahezu von jedem Zeitworte gebildet werden können, ferner die Verkleinerungsformen auf -chen (und -lein), die sich einer ähnlichen Triebkraft erfreuen, u. a. — Aber auch die häufigere Verwendung solcher Ableitungen und ihre gedächtnismäßige Übernahme durch andere führt zunächst noch keine Lockerung des etymologischen Zusammenhanges herbei; mächtig steht zu Macht noch heute in derselben engen Beziehung wie in der ahd. Zeit. Aber das ursprüngliche Verhältnis kann in verschiedener Weise getrübt oder verdunkelt werden; und dabei kommen besonders folgende vier Punkte in Betracht.

1. Die Ableitung steht in um so engerem Zusammenhange mit dem Grundworte, je mehr in ihr die lebendige Bedeutung der Ableitungssilbe zum Ausdrucke kommt. Ich greife einige Wortklassen heraus. Die von Zeitwörtern abgeleiteten männlichen Wörter auf -er bezeichnen den Träger der durch das Ztw. ausgedrückten Handlung: Absender Sieger Überläufer. Da sie aber auch die wiederholte Thätigkeit ausdrücken können, so kann sich daraus weiter die Bezeichnung einer dauernden Eigenschaft entwickeln; in diesem Falle wird das Wort nicht mehr als ein Nom. agent. empfunden, und seine Beziehung zu dem Ztw. ist, wenn auch noch durchsichtig, doch nicht mehr so eng. Sprechen wir von dem Schreiber eines Briefes, so verwenden wir das Wort noch in seiner vollen verbalen Kraft; sowie es aber zu einer Amtsbezeichnung wird, erscheint seine Verbindung mit dem Begriffe des Zeitwortes gelockert; vgl. auch Abschreiber Briefschreiber : Stadtschreiber. Noch deutlicher hat sich Schneider in seinem verengten Sinne (,Kleidermacher') von schneiden entfernt, vgl. Aufschneider Stempelschneider : Flickschneider. Eine ähnliche Wirkung hat die Verwendung solcher Wörter zur Bezeichnung von Tieren (Spinner Spanner) oder Sachen (Wecker Dampfer), zumal wenn der Gegenstand gar nicht mehr als Subjekt der betr. Thätigkeit aufgefaßt werden kann, sondern als inneres oder äußeres Objekt (Abstecher; Überzieher), als Werkzeug (Reiber) oder als Ort der Thätigkeit (Läufer = ,Teppich, auf dem man läuft') usw. Die lat. Wörter auf -tor und die griech. auf -τήρ bieten entsprechende Erscheinungen: censor imperator; ζωστήρ κρατήρ usw. Dieselbe Beobachtung läßt sich bei den Abstrakten auf -ung machen. Auch hier besteht eine genaue Entsprechung nur solange, als sie die Handlung selber bezeichnen (Nom. action.): Absendung Belehrung Züchtigung. Aus der Bezeichnung der Handlung wird aber häufig die ihres Ergebnisses oder eines durch sie geschaffenen Zustandes: Beobachtung Übersetzung Versammlung; und daraus weiter die Bezeichnung konkreter Dinge, die nicht nur das Objekt der Handlung, sondern auch das Mittel, der Ort usw. sein können: Besitzung (vgl. damit Besetzung), Lichtung; Kleidung; Wohnung. Hier ist die lebendige Bedeutung der Ableitungssilbe vollends erloschen. Kommt dann eine formale Verschiedenheit hinzu, z. B. Rückumlaut in Besatzung (vgl. Besetzung), Nahrung (vgl. Ernährung), oder das Absterben des Zeitwortes, wie bei Innung, Festung (vgl. Befestigung), Stallung (vgl. Bestallung), Witterung (wittern ist wenigstens in der Bedeutung ,Wetter sein' ausgestorben), so wird die Isolierung noch stärker. Manche dieser Wörter

---

* Den Ausdruck bitte ich a potiori zu verstehen. Denn die Ableitung kommt nicht immer in einer vollen Silbe zum Ausdrucke (Fahrt : fahren), ja oft nicht einmal in einem besonderen Laute (Fluss : fliessen). Indessen liegen auch in diesen Fällen allermeist vollsilbige Suffixe zu Grunde; so geht das -t in Fahrt auf -tis zurück, und auch Fluss ist ein alter i-Stamm.

werden denn auch vom Sprachgefühle gar nicht zu den entsprechenden Zeitwörtern, sondern zu deren Grundwörtern gestellt, nicht bloß die drei zuletzt genannten, sondern auch *Lichtung* und *Kleidung*, ein Vorgang, der durch echte derartige Ableitungen, wie *Waldung : Wald*, unterstützt wird. Auch hier erinnere ich an die griech. und lat. Bildungen auf -σις und -tio: ὄψις βάσις; *statio ratio* usw.

Etwas ähnliches findet sich bei den Bildungen auf -*chen* und -*lein*, wenn die urspr. verkleinernde, kosende oder herabsetzende Bedeutung der Ableitungssilbe mehr oder minder verblaßt. Während *Frauchen* und *Mägdlein* noch als Koseformen empfunden werden, ist das nicht mehr der Fall bei *Fräulein* und *Mädchen*; im letzten Falle kommt die lautliche Veränderung der Stammsilbe mit in Betracht. Vgl. ferner *Männchen* und *Weibchen* (im naturwiss. Sinne), *Pärchen Ständchen ein bisschen* u. a. Wie hier das Grundwort in einer bestimmten Bedeutung von der Ableitung verdrängt ist, so wird in anderen Fällen die Verkleinerungsform so beliebt, daß das Grundwort überhaupt ausstirbt: *Scherflein Märchen* (denn *Märe* ist nicht eigentlich mehr lebendig) *Veilchen Frettchen*; vgl. auch nd. *swäleke* ‚Schwalbe‘, *wische* (aus *wiseke*) ‚Wiese‘; od. *Deandl Busserl* u. a. Diese Erscheinung ist besonders häufig in den roman. Sprachen: *soleil oreille orecchia pisello* usw., sowie im Neugriech.: σταφύλιον ‚Traube‘, ἀπίδιον ‚Birne‘ usw.

2. Das Verhältnis zwischen Ableitung und Grundwort ist um so fester, je größer unter sonst gleichen Umständen ihre a) begriffliche und b) formale Übereinstimmung ist. Ich verweise dafür auf das oben S. 5 ff. 13 ff. Gesagte. Hier will ich noch auf folgendes aufmerksam machen:

zu a) Bei jeder Ableitungsklasse lassen sich die verschiedenen Stufen von genauer Entsprechung bis zu völliger Entfremdung verfolgen, wie sie z. B. vorliegen in *väterlich kindlich* — *lieblich hässlich* — *redlich weidlich* (S. 14). — Nom. action. stehen im allgemeinen den zugehörigen Ztw. infolge ihrer genauen Begriffsentsprechung näher als gleichartig oder ähnlich gebildete Sach- oder Eigenschaftsbezeichnungen, z. B. *Guss : Gosse. Schluss : Schloss, Zwang : Zwinge; Bruch : brach, Flug : flügge* usw.; vgl. auch *Fahrt : Fähre, Naht : Nadel, Stand : Statt.* Das enge Verhältnis der Nom. act. zu dem Ztw. wird insbesondere gestützt durch die zugehörigen Zusammensetzungen: *Ab- Aus- Be- Ein- Verschluss* usw.; dadurch werden selbst große formale Scheidungen überwunden, wie in *Zug : ziehen, -kunft : kommen* usw.

zu b) Den häufigen Bildungen mit *ge-* stehen solche Ableitungen ferner, in denen die Vorsilbe nicht angetreten oder unterdrückt ist. So stehen *bewältigen* und *überw. zu Gewalt* in einem ersichtlich loseren Verhältnisse als *vergewaltigen*; vgl. ferner *beschäftigen : Geschäft, verringern : gering, vermählen : Gemahl, verunstalten : ungestalt, ausweiden : Eingeweide, schmackhaft : Geschmack, botmässig : Gebot, Fährlichkeit : Gefahr,* auch Zusammensetzungen wie *ebenbürtig* usw.: *gebürtig, Nutzniesser Niessbrauch : geniessen* usw.

3. Besonders wichtig ist der Unterschied zwischen fühlbaren und dunklen oder, was meist* dasselbe ist, zwischen lebendigen und abgestorbenen Bildungsweisen. Bei den lebenden ist die Bildungssilbe, mithin auch der Stamm deutlich zu erkennen, das Ganze ein durchsichtiges Gebilde, auch hinsichtlich der Bedeutung (abges. von den eben besprochenen Einschränkungen). Außerdem erhält die große Zahl entsprechender Bildungen das Gefühl für ihre Gleichartigkeit und damit für ihre Eigenart aufrecht. Die Wörter auf -*ung* bilden eine festgefügte Gruppe, die als solche empfunden wird und das Gefühl für das eigentümliche Wesen jedes einzelnen Gliedes immer von neuem wachruft. — Aber daneben gibt es Reste alter Bildungsarten, die ehemals in lebendiger Kraft standen. Wir dürfen erwarten, daß das Verhältnis solcher altüberlieferten Ableitungen zu ihrem Grundworte nicht mehr so innig ist wie bei jenen und sich um so mehr lockert, je mehr die urspr. Bedeutung der Ableitungssilbe verblaßt. Besonders lehrreich sind hier die weiblichen Abstraktbildungen auf -*t*

---

* Nicht immer; z. B. die weiblichen Wörter auf -*de*, wie *Zierde Gemeinde*, sind zwar im allgemeinen durchsichtige Bildungen, können aber nicht mehr fortgeführt werden.

(idg. -*tis*). wie *Saat Geburt Schlacht*, auch -*st* : *Gunst* und -*ft* : -*kunft*. Diese Bildungsweise war
in der idg. Ursprache äußerst fruchtbar, und, wie im Griech. in der Form -σις, im Lat. in
der Weiterbildung -*tio*, so war -*tis* noch in urgerm. Zeit so triebkräftig, daß es wohl zu jedem
st. Ztw. ein Abstraktum bilden konnte. Heute aber sind nur noch verhältnismäßig geringe
Reste vorhanden. Für die erhaltenen Formen fehlt es nun zunächst an dem zusammenhaltenden
Bande einer deutlich erkennbaren Ableitungssilbe. Ihr einziger Rest, das *t*, macht sich nicht
einmal als besondere Silbe bemerklich. Zudem ist der Wurzelauslaut vor dem *t* vielfach verändert; vokalische Verschiedenheiten kommen hinzu. Infolge dessen ist der Verbalstamm in
den wenigsten Fällen deutlich zu erkennen. So ist hier der Zusammenhang mit dem Grundworte im allgemeinen sehr gelockert. Im einzelnen kommt es darauf an, wie weit sich die
ursprüngliche Bedeutung der Ableitungssilbe noch fühlbar macht. Wo die Natur des Verbal-
nomens bewahrt ist, besteht auch ein Gefühl der Zugehörigkeit zu dem Grundworte. So stehen
die Zusammensetzungen mit -*kunft*, wie *Ankunft Zusammenk.*, vollends solche wie *Dazwischenk.*
Nachhausek. in enger Beziehung zu *kommen*, zumal da einige von ihnen den substantivierten
Infinitiv in nahezu gleicher Bedeutung neben sich haben: *Einkommen Übereinkommen*. Dadurch
erhalten auch solche Bildungen, die ihre Bedeutung selbständig entwickelt haben, wie *Auskunft*
Zukunft, einen Anschluß an das Grundwort. Dagegen haben die lautlich entsprechenden *Ver-
nunft* und *Zunft* (s. S. 16) ihren Zusammenhang mit *vernehmen* und *ziemen* aufgegeben, nicht
nur infolge ihrer besonderen begrifflichen Ausprägung, sondern auch weil sie völlig allein
stehen (mhd. noch *nôt- sige- teilnunft*). Vgl. ferner *Schrift* (*Ab- Aufschr.* usw.) : *schreiben* mit
Trift : *treiben* oder gar *Gift* (nebst *Mitgift*) : *geben* (s. S. 16); *Sicht* (*Ans. Auss. Eins.* usw.) :
sehen mit *Pflicht* : *pflegen; Flucht* : *fliehen* mit *Zucht* : *ziehen*: *That* : *thun* mit *Statt Stadt* : *stehen* usw.;
ferner *Kunst* : *können*. *Macht* : *mögen*, *Haft* : *heben* usw. Andere Bildungen leben nur noch in
Zusammensetzungen oder Ableitungen: *Notdurft* (be)*dürftig*; *tüchtig*: althd. *tucht* von *taugen*.
Oder die Ztw. sind ausgestorben, wie zu *List Sucht* u. a. So ist hier auf mannigfaltige Weise
der etymologische Zusammenhang gelockert und gestört, vor allem das Gefühl für die Gleichartigkeit aller dieser Bildungen erstorben. Sie sind unverstandene isolierte Reste, die, soweit
sie noch ihre verbale Kraft bewahrt haben, mit den (heute) suffixlosen Ableitungen auf eine
Stufe treten (*Flucht* : *fliehen* wie *Flug* : *fliegen*). Wie bedeutungslos das *t* geworden ist, zeigt
auch die Verdrängung der älteren Formen *Zeitläufte weitläuftig Mähder* * *Näher* durch die
jüngeren *Zeitläufe weitläufig Mäher Näher* u. a. Lehrreich ist auch ein Vergleich von Bildungen aus derselben Wurzel: *Ziehung Zug Zucht*.

Wie für die Abstraktbildungen auf -*t* später die auf -*ung* eingetreten sind, so für die
schwachformigen Nom. agent. die auf -*er*. Auch hier stehen die wenigen erhaltenen Reste
nicht in einem so engen Verhältnisse zu ihren Ztw. wie gleichartige Bildungen auf -*er*; vgl.
Zeuge Bote Bürge mit *Erzeuger Gebieter Borger*. — Auch die alten Verkleinerungsformen auf
-*el* werden als solche nicht mehr empfunden, zumal da sie meist ihre Bedeutung eigenartig
entwickelt haben, z. B. *Büschel* : *Busch*. *Stengel* : *Stange*, *Ferkel* zu dem ausgestorbenen mhd.
varch. In dem letzten Worte knüpft sich der Begriff des jungen Tieres nicht an die Ableitungssilbe, sondern an das ganze Wort; eine wirkliche Koseform ist nur *Ferkelchen*. (In od. Mundarten ist freilich noch heute -*el* ein lebendiges Verkleinerungssuffix.)

Daß indes nicht in erster Linie die Flüchtigkeit des Ableitungszeichens, sondern das
Absterben der Bildungsweise ihre Verdunkelung herbeiführt, zeigen einerseits die weibl. Abstraktbildungen auf -*e* (*Güte Länge*) und die Eigenschaftswörter auf -(*e*)*n* (*golden ledern*), die
trotz ihres unscheinbaren Kennzeichens deutlich fühlbar sind. anderseits manche vollere und
mehr ins Gehör fallende Ableitungssilben, die trotzdem, weil sie nicht mehr lebendig sind, das
Sprachgefühl über ihr eigentliches Wesen zu täuschen vermögen. Dahin gehören z. B. die Reste
der mit -*tro*- (-*trä*-) und -*tlo*- (-*tlä*-) gebildeten Ableitungen. die meist das Werkzeug oder den

---

* Es thut nichts zur Sache, daß hier ein männl. *Lauft* u. ein urspr. sächl. *Mahd* zu Grunde liegen.

Ort einer Thätigkeit bezeichnen, wie *Nadel : nähen*, *Wedel : wehen*. Hier ist das Gefühl für die Bedeutung der Ableitungssilbe erloschen, die Zugehörigkeit zu dem Grundworte beträchtlich verdunkelt. Bewahrt ist sie nur selten, bei völlig entsprechender Bedeutung, so *Gelächter* (von ' mhd. *lahter*) *: lachen*. Vollends isoliert haben sich *Malter* (,soviel auf einmal gemahlen wird'): *mahlen*, *Blatter : blähen*, *Leiter* zu der in *lehnen* enthaltenen Wurzel, od. *Stadel* (,Standort'): *stehen*. Bei andern kommt das Aussterben des Grundwortes in Betracht, so bei *Ruder : * mhd. *ruon* ,rudern', *Halfter : * mhd. *halb* ,Handhabe'. *Laster : * ahd. *lahan* ,tadeln'. Eine Empfindung für die Gleichartigkeit der Bildungen auf *-del* besteht nicht mehr; von dem naiven Sprachgefühle wird das *d* in *Nadel Wedel* wohl zu der (vokal.) Wurzel gezogen. Was die zahlreicheren Bildungen auf *-ter*, *-der* betrifft, so ist zwar, für einen Teil wenigstens, ein schwaches Gefühl für ihre Zusammengehörigkeit anzunehmen; dies gründet sich aber mehr nur auf die formale Gleichheit; die Bedeutung des Suffixes ist erloschen und damit der etymologische Zusammenhang getrübt.

Was hier dargelegt ist, gilt im wesentlichen von allen Ableitungen, auch von den adjektivischen, vgl. *lecker : lecken*, *wacker : wachen*, *bitter : beissen* mit den lebendigen Bildungen auf *-ig -isch* usw. oder *vornehm*, *gäbe* mit *annehmbar*, *angeblich*. Auch unter den verbalen giebt es einerseits noch wirksame Bildungsweisen, z. B. auf *eln: geistreicheln radeln;* anderseits abgestorbene, deren Zusammenhang mit dem Grundworte mehr oder minder gelockert ist: *ächzen : ach*, *schluchzen : schlucken*, *horchen : hören*, *schnarchen : schnarren*. Besonders die alten, von st. Ztw. stammenden Ableitungen auf *-nan* und *-jan* sind als solche verdunkelt. Auf *-nan* beruhen Verstärkungswörter wie *schnitzen* (nrgerm. *snitnan) : schneiden* (*snidan*), *nicken : neigen*, *bücken : beugen* usw. Die ehedem sehr fruchtbare Ableitungssilbe *-jan* hat zu intransit. st. Ztw. Bewirkungswörter geschaffen, die zum Teil noch einigermaßen fühlbar sind: *tränken : trinken* (got. *dragkjan : drigkan*), *fällen : fallen*, *legen : liegen*, sich aber meist begrifflich oder lautlich von ihren Grundwörtern entfernt haben: *wenden : winden*, *führen : fahren*, *beizen : beissen*, noch mehr *nähren : genesen*, *ergötzen : vergessen* usw. Dieselbe Ableitungssilbe *-jan* konnte aber auch Denominativa bilden, ebenso die Suffixe *-ôn* und *-én;* und solche Denom. sind noch lange lebendig. Neben den älteren *krümmen* (ahd. *krumben* aus *-jan*), *danken* (*dankôn*), *faulen* (*fûlén*) stehen ganz junge wie *drahten beschlagnahmen*, bes. solche mit Vorsilben: *begönnern verstaatlichen* u. a. Nur die Fähigkeit, solche Ztw. mit Umlaut zu bilden, also die *-jan*-Klasse fortzuführen, ist, wie es scheint, erloschen.

4. Endlich ist das Aussterben der Grundwörter zu beachten (s. S. 19 f.). Dadurch werden zunächst Ableitungen mit deutlich erkennbaren Suffixen isoliert. Denn wir sind gewohnt, die Stammsilbe solcher Wörter in einem Grundworte und etwaigen anderen Ableitungen wiederzufinden und schon mit ihr einen bestimmten Begriff zu verbinden. Deshalb vermissen wir etwas, wenn dieses Bedürfnis nicht befriedigt wird, wenn die Stammsilbe uns nicht verständlich ist. Wörtern wie *ledig plötzlich Schierling Scherflein* steht das Sprachbewußtsein ganz anders gegenüber als solchen wie *fleissig ernstlich Jüngling Blümlein*. — Anders, wenn die Ableitung nicht deutlich erkennbar ist; hier vermissen wir das Grundwort nicht. Das ganze Gebilde macht den Eindruck eines einheitlichen Wortes mit bedeutungsloser Nachsilbe: *Meissel Atem Regen Feder*, oder gradezu eines wurzelhaften Wortes: *rüsten* (von ahd. *rust*), *genug* (von ahd. *ginah*), *alt zart* (erstarrte Partiz.) usw. — — —
Einer besonderen Beachtung wert scheinen mir die mit der Vorsilbe *ge-* abgeleiteten [*] Hauptwörter, weil hier verschiedene Gebrauchsweisen, lebendige und abgestorbene, vorliegen und sich dem entsprechend das Sprachgefühl verschieden verhält.

---

[*] Man ist berechtigt, hier von einer Ableitung zu sprechen, wenn auch urspr. eine Zusammensetzung vorliegt, gerade wie *-heit -lich* u. a. für die heutige Sprache als Ableitungssilben aufzufassen sind. — Die besprochenen Wörter sind aber auch eigentliche Ableitungen; die 1. Klasse besteht aus alten *n*-Stämmen, die 2. und 3. aus *ja*-Stämmen. Das zum Teil erhaltene *-e* ist der Rest jener Suffixe und bes. bei der 3. Klasse noch deutlich fühlbares Ableitungsmittel.

1. Nicht mehr lebendig ist die Bildung persönlicher Gesellschaftsbegriffe, die in alter Zeit, bes. im Got., sehr häufig waren, wie *Gespiele* : *Spiel, Gehilfe, Gewerke.* Hier sind meistens mehr oder weniger starke Isolierungen eingetreten: *Gefährte : Fahrt, Geselle : Saal* (s. S. 17), *Genosse : geniessen* ahd. *(gi)niozan* = ‚wer mit einem andern genießt'; von ausgestorbenen Wörtern z. B. *Gemahl:* ahd. *mahal* ‚Ehevertrag'; sodann die völlig entstellten *gleich*, mhd. *gelich* (eig. ‚von derselben Gestalt', zu *lich* ‚Körper', uhd. *Leiche*) und od. *Knän*, mhd. *genanne* (‚Namensvetter', zu *name*). Auch *Bauer* gehört urspr. hierher; mhd. *gebûr* ‚Wohnungs-, dann Dorfgenosse' stammt von *bûr* ‚Wohnung' (noch in *Vogelbauer*) (vgl. den Eigenn. *Gebauer*). — Man sieht, wie das urspr. Gleichartige auseinandergefallen und zum Teil ganz unkenntlich geworden ist.

2. Dagegen wird *ge-* noch heute zur Ableitung sächlicher Sammelbegriffe aus Hauptwörtern verwandt: *Geäst Gefelse Gezweig* usw. Kaum minder nah, aber in ihrem kollekt. Sinne nicht so deutlich mehr gefühlt, stehen dem Grundworte die älteren Bildungen, die schon mehr oder weniger erstarrt sind: *Gedärm Gemäuer Gesträuch*, zumal wenn eine formale Abweichung (Vokalbrechung) hinzukommt: *Gebirge Gefieder Gefilde* (vgl. S. 7). Zuweilen ist durch besondere Bedeutungsentwicklung der kollekt. Sinn ganz verdunkelt und das Verhältnis dadurch gelockert: *Gewitter Gemüt Gemüse*, bes. *Gerät*, dessen Grundwort die konkrete Bedeutung eingebüßt und nur in den Zusammensetzungen *Haus-* und *Vorrat* bewahrt hat. Ganz verloren gegangen ist das Grundwort von *Geländer* (mhd. und noch munda. *lander* ‚Stangenzaun'), *Geschlecht* (*slahte*, s. S. 20) u. a — Je fühlbarer also die Bedeutung der Bildungssilbe, um so enger das Verhältnis zum Grundworte.

3. Noch deutlicher läßt sich dies an den Sammelformen sehen, die von Zeitwörtern abgeleitet werden und eine anhaltende oder wiederholte Handlung bezeichnen. Hier hat die Vorsilbe ihre größte Fruchtbarkeit, sie kann an jedem Ztw. wirksam werden, meist mit tadelndem Beisinne: *Gelaufe Gethue Gerassel Geklapper* usw. Diese Bildungen stehen in dem denkbar innigsten Verhältnisse zu den Ztw., sie stehen ihnen kaum ferner als die substant. Infin. Aber auch hier sind ähnliche ältere Bildungen vielfach ihre eigenen Wege gegangen und aus Kollekt. einer Thätigkeit zu Sachbezeichnungen verschiedener Art geworden: *Gewichse Gerüst Geschirr Gesetz Gewerbe Geschick.* Da aber diese Bildungsweise noch in voller Kraft steht, ja heute erst recht lebendig ist, so können solche erstarrten Formen und junge Ableitungen von demselben Ztw. neben einander stehen, und zwar je nach der Bedeutungsentwicklung der ersteren mehr oder minder deutlich von einander geschieden, meist auch formal, da die älteren Bildungen dem Umlaut unterworfen sind und fast immer (außer nach Medien und *s*) das Endungs-*e* verloren haben. So stehen neben einander *Geschick : Geschicke* (Wall. Lag.: *das Gemunkel und das Geschicke*), *Gerümpel : Gerumpel*, *Geschwätz : Geschwatze*, *Geschrei : Geschreie* usw. Jeder formale Unterschied fehlt z. B. bei *Gebinde* und *Gewinde;* diese werden gewöhnlich als Sachbezeichnungen gebraucht, sie können aber auch in ihrer vollen verbalen Kraft verwandt werden. — Man kann wohl nirgends deutlicher als an solchen Doppelformen sehen, wie wichtig für das etymologische Bewußtsein die lebendige Geltung der Ableitungsweise ist.

Nachwort. Leider nötigt mich Raummangel, hier abzubrechen und das Wichtigere, vor allem die Bedeutung des etymologischen Bewußtseins für die Entwicklung der Sprache, späteren Ausführungen vorzubehalten. Dort werde ich auch Rechenschaft über die benutzte Litteratur ablegen. Hier will ich nur dankbar hervorheben, was dem Kenner freilich nicht verborgen sein kann, daß ich besonders durch Pauls ‚Principien der Sprachgeschichte' grundlegende Anregung und mannigfachste Förderung erfahren habe.

Das

etymologische Bewusstsein

mit besonderer Rücksicht

auf die neuhochdeutsche Schriftsprache

Zweiter Teil

Von

Oberlehrer Dr. Karl Scheffler

Wissenschaftliche Beilage zum Jahresbericht des Neuen Gymnasiums in Braunschweig
Ostern 1898

···❖···

Braunschweig
Druck von Joh. Heinr. Meyer
1898

1898. Progr.-Nr. 729.

III. Erhaltende oder wiederherstellende Mächte.

In dem ersten Teile meiner Abhandlung (wiss. Beil. zum Jahresber. des Neuen Gymnasiums zu Braunschweig 1897) habe ich zu zeigen versucht, welche Ursachen eine mehr oder minder starke Trübung des etymologischen Bewußtseins herbeiführen. Aber diesen zerstörenden Kräften wirken andere entgegen, die das Zerstörungswerk hindern oder das Zerstörte wieder aufbauen. Diese erhaltenden oder wiederherstellenden Mächte zu betrachten, muß unsere nächste Aufgabe sein. Sie wurzeln einmal in dem Wesen der Sprache überhaupt, sodann in dem Wesen der Schriftsprache, endlich in dem Wesen der Schrift.

a) Ausgleichung lautlicher Verschiedenheiten, besonders durch Analogie- und andere Neubildungen.

Wir haben gesehen, wie lautgesetzliche Wandlungen zusammengehörige Wörter trennen, wenn sie nur einen Teil ergreifen (I, S. 5 ff.). Zuweilen freilich führt eine rein lautgesetzliche Entwicklung eine Wiedervereinigung ehemals gleicher, aber dann unähnlich gewordener Lautbilder herbei. So sind in der nhd. Schriftsprache die alten *ī* und *ei* in dem einen *ei*, die alten *ie* und *ȳ* (in offener Silbe) in *ī* (geschr. *ie*) zusammengefallen. Dadurch ist z. B. in der Sippe von *steigen* eine vierfache Vokalverschiedenheit auf eine zweifache zurückgeführt. Den mhd. *stīgen steigen* (Mutterform von *steigern*) *stiege gestigen* stehen heute gegenüber: *steigen steigern Stiege gestiegen*; vgl. auch mhd. *blīch blīchen* mit nhd. *bleich bleichen*. Verschiedene Lautwandlungen haben auch bewirkt, daß ahd. *giuîmi : neman* durch mhd. *genaeme : nemen* zu nhd. *genehm : nehmen* geworden ist. Oder man vergleiche got. *lêtan : lats*, mhd. *lâzen : laz*, nhd. *lassen : laß*; dazu auch mhd. *lezzic : laezlich*, nhd. *lässig : läßlich*, ebenso mhd. *sezhaft : saezzec*, nhd. *seßhaft : -sässig*. Aber dieses nur zufällige Zusammenfallen verschiedener Laute spielt keine erhebliche Rolle. Im allgemeinen haben lautliche Veränderungen die Wirkung, daß sie bisher Gleichartiges unähnlich machen. Diese Scheidungen nun würden noch weit durchgreifender sein, die zusammengehörigen Sprachformen noch viel mehr auseinanderfallen, wenn dem fortschrittlichen Elemente des Lautwandels nicht ein erhaltendes in den Analogiebildungen entgegenarbeitete. Es sei ein kurzes Wort über das Wesen dieser Erscheinung im allgemeinen eingeschaltet.

Die Analogiebildungen beruhen in letzter Linie auf dem unbewußten Streben, das begrifflich Gleiche auch formal gleich zu gestalten. Sind nun auf lautmechanischem Wege Verschiedenheiten der Stammform in einer Wortsippe entstanden, so ist, besonders wenn das betreffende Lautgesetz nicht mehr lebendig ist, das analogische Prinzip geschäftig, sie wieder zu beseitigen. Der Vorgang vollzieht sich in der Weise, daß nach dem Vorbilde entsprechender Fälle, die von dem Lautwandel nicht betroffen sind, eine neue Form gebildet wird, die die lautliche Abweichung nicht hat, und diese zunächst vereinzelt auftretende Neubildung die ältere, differenzierte Form allmählich verdrängt. So sind z. B. nach dem Muster von *rief*:

1*

riefen, *suchte* : *suchten* und allen den anderen zahlreichen Vergangenheitsformen, die in der Einz. und Mehrz. denselben Vokal haben, auch zu *sang* und *fand* im 17. Jahrh. die Mehrheitsformen *sangen* und *fanden* neu gebildet, sie sind eine Zeit lang neben den alten *sungen* und *funden* gebraucht und allmählich ganz an deren Stelle getreten. Gleichzeitig finden sich umgekehrt die Formen *sung* und *fund;* hier zeigt sich dasselbe Streben nach Ausgleichung, nur in umgekehrter Richtung, wie es durchgedrungen ist in dem einzigen *wurd(e)* (umgekehrt wieder im 15. 16. Jahrh. die Mehrz. *warden*).

Aber die Analogie macht sich nicht immer und überall geltend. Sie ist im allgemeinen dann nicht wirksam, wenn sich mit dem Lautwechsel eine **zweckmäßige Unterscheidung** verbinden läßt. So ist der Ablaut in den Dienst der Abwandlung gestellt, wie das starke Ztw. zur Genüge beweist (*nehmen* : *nahmen; singen* : *sangen; fahren* : *fuhren* usw.). Wo aber der Lautwandel eine unnötige Verschiedenheit herbeiführt, kann die analogische Neubildung in ihre Rechte treten. So ist die zwecklose Ungleichheit der Stammform in der Einz. und Mehrz. der starken Präterita (mhd. *sach* : *sähen, bant* : *bunden, reit* : *riten, bit* : *buten, zëch* : *zigen, bouc* : *bugen, verlôs* : *verlurn*) heute völlig verschwunden. Ebenso ist der sogen. Rückumlaut, der früher in gewissen Formen der umgelauteten schwachen Ztw. Regel war, heute in den allermeisten Fällen beseitigt, weil jene Formen durch Suffixe bereits hinlänglich gekennzeichnet sind; es heißt also nicht mehr *hörte gehört*, sondern *hörte gehört.* — Aber auch sonst giebt es eine strenge und folgerichtige Durchführung auf dem Gebiete der analogischen Neuerungen nicht. Die Kraft der überlieferten Verschiedenheiten kann größer sein als das Streben nach Ausgleichung. Genaueres über die Analogie, ihre seelischen Grundlagen, die sie fördernden und hemmenden Umstände s. im 5. u. 10. Abschn. von Pauls Princ. d. Sprachgesch. Für uns kommt es jetzt mehr auf die Wirkungen als auf die Ursachen der Erscheinung an. Ebenso ist es klar, daß für uns nur die **stoffliche** Ausgleichung in Betracht kommt, nicht die **formale**, die zwischen den entsprechenden Formen verschiedener Wörter eintritt.

Es ist begreiflich, daß die Ausgleichung besonders wirksam ist innerhalb der verschiedenen Abwandlungsformen eines Wortes; denn je inniger die lautlich differenzierten Formen mit einander zusammenhängen, um so stärker ist das Streben, die Verschiedenheit zu beseitigen. Aber auch zwischen **etymologisch verwandten Wörtern** können Ausgleichungen eintreten, wenn das Gefühl für ihren Zusammenhang noch nicht geschwunden ist, [*] und auf diese Ausgleichungen kommt es hier vor allem an. Sie dienen dazu, das Band zwischen verwandten Wörtern, das durch eine lautliche Verschiedenheit etwas gelockert war, wieder fester zu knüpfen.

Besonders deutlich und umfassend läßt sich dies an den vokalischen Verschiedenheiten verfolgen, die man unter dem Namen Brechung zusammenzufassen pflegt (I, S. 7). Ein Überblick über die Formen, die hierhergehörigen Wörter im Verlaufe der Sprachgeschichte haben, zeigt klar das stete und erfolgreiche Bestreben, Gleichheit des Lautbildes herzustellen und den Wechsel zwischen *e : i. u : o. iu : io (ie)* zu beseitigen. Schon im Ahd. finden sich solche Ausgleichungen, z. B. heißt es immer *snelli* ‚Schnelle' : *snel.* ferner *bockili* neben *burchili* ‚Böcklein' : *boc* u. a. Verkleinerungswörter, *holzin* neben *hulzin* ‚hölzern' : *holz, solih* neben *sulih* ‚solch' : *sô,* fränk. *tiefi* neben *tiufi* ‚Tiefe' : *tiof.* Sie mehren sich im Mhd., so *gotinne* ‚Göttin' (ahd. *gutinna*) : *got, vogelin* ‚Vöglein' (ahd. *fugili*) : *vogel, liebe* : *liep* (ahd. fränk. *liubi* : *liop*), ferner *berin* neben *biriu* ‚Bärin' : *ber, kernen* neben *kirnen* : *kern, knöchel* neben *knüchel* : *knoche, hornin* neben *hurnin hürnin* ‚hörnern' : *horn, wollin* neben *wullin* ‚wollen' : *wolle, mörden* neben *mürden* ‚morden' : *mort, antwort* neben *-wurt, -würte* und *antworten* neben *-würten* : *wort.* Noch mehr nimmt die Ausgleichung im Nhd. zu, z. B. *ledern* (mhd. *lidirin*) : *Leder, gersten* (mhd. *girstin*) : *Gerste, Ferne* (*ent)fernen* : *fern* (mhd. *virre virren* : *verre), kernig* (in od. Munda. noch *kirnig*) : *Kern, Bitte* (mhd. *bete*) : *bitten, Höhle* (noch im 17. Jahrh. *hüle*) und (*aus)höhlen* (mhd. (*er)höln*) : *hohl, Gehölz* (mhd. *gehülze*) : *Holz,* Geröll (bis in das 19. Jahrh. auch *Gerülle*) : *rollen, Gehörn*

(noch im 16. Jahrh. *gehürne*) und das Ztw. *hörnen* (mhd. *härnen*) : *Horn*, *dornen* (mhd. *dürnen*) : *Dorn*, *golden* (bis in das 18. Jahrh. *gulden gülden*) und *vergolden* (früher *vergulden vergülden*): *Gold*, *Furcht* (mhd. *vorhte*) : *fürchten* (daneben früher in umgekehrter Richtung *forchten*), *scheu* (mhd. *schiech*) : *scheuen* (mhd. *schiuhen*).

So ist das Streben nach Ausgleichung erfolgreich beschäftigt, die lautlichen Verschiedenheiten zu beseitigen. Viele, auch reicher entfaltete Wortsippen gewinnen dadurch wieder eine völlig einheitliche Gestalt des Stammes. Außer den Beispielen, die aus dem Vorhergehenden entnommen werden können (vgl. die Sippen von *Kern*, *Gold*, *tief* usw.), möchte ich hier noch besonders hinweisen auf *Dieb* und seine Ableitungen, die das ihnen großenteils zukommende *eu* (mhd. *iu*) heute nicht mehr aufweisen, während im Mhd. neben *diep* : *diube diuve diupstäle diubde* (alle = ,Diebstahl'), *diupe* ,Diebin' und *diubec* ,diebisch' standen. Zuweilen führen die älteren Formen in altertümlicher Redeweise, also besonders bei Dichtern, noch ein Scheinleben, wie z. B. *gülden vergülden*, oder sie haben sich sonst in beschränkter Anwendung erhalten, z. B. in der bergmännischen Sprache *Rot- Weißgülden güldisch*, *Teufe teufen*, in der Rechtssprache das veraltete (*Holz- Wild-*)*Deube* ,Diebstahl' : *Dieb*. In anderen Sippen dagegen ist noch keine Einheit erzielt, das Neue ringt mit dem Alten. So gehören zu *gelb* : *gelblich* (jetzt durchweg mit *e*, früher auch *gilbl.*), ebenso *Gelbling* (früher auch *Gilbl.*); sodann *gelben gilben*. *Gelb- Gilbwurz*, die als ziemlich gleich üblich anzusehen sind; *Gilbe* (seltner *Gelbe*): und *vergilben*, das trotz mancher Angleichungsversuche (schon mhd. *vergelwen*, Goethe u. a. *vergelbt*) die Vokalverschiedenheit bewahrt hat. So hält sich auch in anderen Wörtern das Alte allen Analogiebildungen zum Trotze; es heißt noch *Gestirn* trotz der mhd. und frühnhd. Nebenform *gesterne*, und ebenso überwiegt *gestirnt*, obwohl sich schon im älteren Nhd. und wieder in der neusten Zeit vielfach *gesternt* findet. In anderen Wortfamilien endlich hat sich die Spaltung unangetastet erhalten, z. B. *Recht* : *Richte richtig richten Gericht*. *siech* : *Seuche* usw. Dazu vgl. u. Abschn. IV.

Die gleiche Wirkung der Analogie läßt sich auch bei anderen Arten des Lautwandels beobachten. Wohl am häufigsten ist der Ausgleich zwischen Ztw. und zugehörigem Hptw. *lügen trügen* (mhd. *liegen triegen*) verdanken ihr *ü* dem Hptw. *Lüge Lug Trug*. Ähnlich wurde im älteren Nhd. und noch von Schiller *verdrüßen* gesagt wegen *Verdruß*, wie sich mit umgekehrter Richtung der Ausgleichung *Verdrieß* (schon mhd. *verdriez*), ebenso *Genieß Beschließ* finden. *wirken* für das ältere *würken* (schon ahd. *wirken*) neben *wurken*) hat sich offenbar angelehnt an *Werk* nach dem Muster der nicht seltenen Fälle des Wechsels *e* : *i* (*recht* : *richten*). *drohen* (älter *dräuen*) ist eine Neubildung nach dem alten Hptw. *drö* (wofür jetzt *Drohung*); vgl. auch landschaftl. *schneien* für *schneien*. Aus dem mhd. und frühnhd. *gespunst* wurde *Gespinst* (wegen *spinnen*), aus *Behulf* (noch bei Schiller) *Behelf* (wegen *helfen*); neben *abtrünnig* findet sich im älteren Nhd. *abtrennig*. Auch *Hetze* ist eine jüngere Bildung als *Hatz Hatze*. *gewöhnen* (noch frühnhd. *gewehnen*) hat sich angeschlossen an *gewohnen gewohnt*, ebenso *dörren* (älter *derren*) an *dorren*. Hierher gehören auch Fälle, in denen die Vokalquantität ausgeglichen ist, wie *Rache* (mhd. *räche*) : *rächen* (mhd. *rechen*) und vielleicht *Wuchs* : *wachsen Zuwachs*. Ähnlich ist in *zählen* (mhd. *zelen zeln*) *wählen* *grämen zähmen* u. a. im Anschlusse an die Stammwörter die Konsonantenvereinfachung durchgedrungen und infolge dessen später die Vokaldehnung eingetreten, dagegen in *wollen hüllen* (zu *Wille Hülle*) die Verdopplung durchgeführt (ähnliches s. u. Abschn. IV). Ich erinnere auch an das Zahlwort *zwei*, das nicht nur innerhalb seiner Abwandlung die Verschiedenheit der Geschlechter (*zwee zwo zwei*) beseitigt hat, sondern auch die in Zusammensetzungen erscheinende Stammform *zwi-* meist verdrängt hat, vgl. *zweifach -fältig* neben den älteren *zwiefach -fältig*, ferner *zweizüngig* (frühnhd. *zwizüngig*), *zweijährig* (ahd *zwijäri*), und so *zwei-* in allen jüngeren Bildungen. Vor allem sei auch hingewiesen auf einige untrennbare Vorsilben, die in Nomina den Ton trugen und den vollen Vokal bewahrten, in Zeitwörtern dagegen unbetont waren und den Vokal zu *e* abschwächten. So standen noch in mhd. Zeit neben einander *amphanc emphähen*, *ingelt engelten*; *ursatz ersetzen*, *urbietc erbieten*;

vürböt verbieten, vürsatz versetzen, vürslac verslahen, vürzoc verziehen u. v. a. Hier ist fast
überall, soweit sich die Wörter überhaupt erhalten haben, eine Ausgleichung in Betonung und
Präfixgestalt zu Gunsten des Ztw. eingetreten: es heißt jetzt *Empfang Entgelt Ersatz (ehr)erbietig
Verbot Versatz Verschlag Verzug* usw. Man sieht, daß auch die Betonung der Ausgleichung
unterliegen kann. — In den vorstehenden Beispielen handelt es sich zum Teil um **Ablaut**.
Aber es sind doch im ganzen nur vereinzelte Fälle, in denen Ablautverschiedenheiten analogisch
beseitigt sind. Meist haben sie sich mit großer Festigkeit erhalten. Denn der Ablaut war
vielfach zu einem zweckmäßigen Mittel der Wortbildung geworden, und zudem finden die
Vokalverschiedenheiten der Ableitungen meist eine starke Stütze in dem Verbalsystem, wo der
Ablaut ein Mittel der Abwandlung geworden war (S. 4).

Die Ausgleichung der Lautbilder verwandter Wörter zeigt sich auch im **Konsonantis-
mus**, wenn auch nicht in so großem Umfange, weil hier die Verschiedenheiten von vorn herein
nie so durchgreifend gewesen sind wie beim Vokalismus. Im Ahd. standen neben einander
fāhan (Prät. *fiang* Part. *gifangan*) — *fāhāri fāhunga fang:* die Ausgleichung innerhalb des
Ztw. und weiterhin die der Ableitungen haben jede Verschiedenheit innerhalb der Sippe beseitigt;
es heißt heute nicht nur *fangen fing gefangen*, sondern auch *Fang Fänger*. Ähnlich ist es bei
hangen schlagen u. a. Fernere Beispiele: *Spinnewebe* (mhd. *spinneweppe*) : *weben, Hebel* (mhd.
hevel) : *heben, Schmiede* (mhd. *smitte*) : *Schmied schmieden, Schneide* ‚durch den Wald gehauener Weg‘
(mhd. *sneite*) : *schneiden* (ist zusammengefallen mit *Schneide* ‚Schärfe‘, mhd. *snide*), ebenso früher
und noch mundartl. *schneideln* neben *schneiteln* und ahd. *snida* neben *snita* ‚Schnitte‘. *Unterschied* (ahd. *untarsceit*) : *scheiden; mehlig* (früher *melbig*, *b* aus *w*) : *Mehl* (mhd. *mel* Gen. *melwes*),
schmieren Schmiere (mhd. *smirwen smirwe*) : *Schmer* (mhd. *smer smerwes*); *Schwur*, schon ahd.
swuor (neben *swor* mit lautgesetzl. Ausfalle des *w* vor *u*) : *schwören*, ebenso *Geschwulst* :
schwellen; älter nhd. *der näheste* (für *nächste*), *der mehrste* (für *meiste*), od. *Verlurst* (für
Verlust) usw.

So ist die Analogie unablässig bemüht, das durch lautgesetzliche Entwicklung unähnlich
Gewordene wieder gleich zu machen. Besonders wirksam zeigt sie sich, wo sie in demselben
Worte mehrfach eingreifen, etwa eine vokalische und eine konsonantische Verschiedenheit beseitigen kann. Im Mhd. standen neben *wolf* die streng lautgesetzl. Formen *wülpe wülpinne;*
durch Analogie wurde daraus noch in mhd. Zeit *wülvinne* und im Nhd. *Wölfin*. Vgl. auch
die Sippe von *Dieb* S. 5.

Um sich die Bedeutung solcher Ausgleichungen ganz klar zu machen, erwäge man vor
allem, daß eine lautliche Scheidung nicht nur ein Auseinandergehen der Bedeutung fördern
(s. Abschn. IV), sondern auch die Grundlage weiterer lautlicher Entfremdung werden kann.
So begünstigt das Unterbleiben der Ausgleichung in *wert* (mhd. *wert* abgewandelt *werder*) :
Würde (bis in das 17. Jahrh. *wirde*) die verschiedene Behandlung der Vokalquantität ($\bar{e}$: $\breve{\imath}$) und
die Verhärtung des *d* in *wert*, und es ist auch Voraussetzung für den Übergang von *i* in *ü*. —

Jede Analogiebildung ist im Grunde eine Neubildung, die an die Stelle einer älteren,
lautlich abweichenden Form tritt. Nicht minder groß ist die Zahl der Wörter, die erst zu
einer Zeit gebildet werden, wo das trennende Lautgesetz nicht mehr wirksam ist. Diese **Neubildungen**, die sich naturgemäß lautlich an das Grundwort aufs engste anschließen,[*] also
von vorn herein an der Lautverschiedenheit, die andere Ableitungen absondert, gar nicht teilnehmen, tragen ebenfalls dazu bei, daß das Lautbild innerhalb derselben Wortsippe ein gleich-
förmigeres Gepräge erhält. Als Beispiele, die sich massenhaft vermehren ließen, mögen dienen:
erdig (neben *irden irdisch*) *bergig* (*Gebirge*) *besternt* (*gestirnt*) *beflecken* (*flicken*) *völlig* (*füllen
Fülle*) *Wörtlein goldig holzig* usw. — Ein lautlich strafferer Zusammenhalt der Wortfamilie

---

[*] Dies thun auch solche Wörter, die mit Ablaut gebildet werden, wie z. B. die ziemlich jungen Bildungen *Ritt Schwund;* denn ihre Vokalisation findet in dem Abwandlungssysteme des Stammzeitwortes eine
Anknüpfung. Ähnlich verhält es sich mit dem Rückumlaute in *Versand Vorwand* u. ä.

kann auch die Folge davon sein, daß Wörter mit lautlichen Abweichungen aussterben, wie z. B. mhd. *rillen* ‚geißeln‘ : *Fell*. *sedel* ‚Sitz‘ : *siedeln*, *wefel* ‚Einschlag‘ : *weben*, so auch älter nhd. *dauzen* (mhd. *dûzen*) neben *duzen* : *du*. — Häufig geht beides Hand in Hand, d. h. eine ältere, lautlich abweichende Bildung stirbt aus, und eine Neubildung ohne jene Abweichung tritt an ihre Stelle, ein Vorgang also, der den Analogiebildungen eng verwandt ist, sich aber insofern davon unterscheidet, als es sich hier um ungleichartige Bildungen, um verschiedene Ableitungsweisen handelt. So ist mhd. *diupe* durch *Diebin* verdrängt, ahd. *slaho* ‚Mörder‘ durch (*Tot-*) *schläger*, mhd. (*mage-*)*zoge* durch (*Er-*)*zieher*, *Anlehen* durch *Anleihe*, *Ferge* durch *Führmann* usw. Auch entstellte Zusammensetzungen werden in dieser Weise ersetzt, so das noch mundartl. *Leilach* durch *leinenes Laken* oder *Leintuch*. Vielfach sind nominale Zusammensetzungen mit untrennbaren Vorsilben (S. 5 f.) durch Neubildungen aus dem Ztw. oder auch durch den substantivierten Inf. ersetzt, so *antlíz* durch *Entlassung*, *bisprâche* durch *Besprechung*; *urbot* durch *Erbieten*, *vúrdranc* durch *Vordringen* u. a. Überall ist das Ergebnis dasselbe: formelle Übereinstimmung zwischen den zusammengehörigen Wörtern.

Durch solche Neubildungen im Vereine mit dem Aussterben älterer Bildungen ist nun auch die Mannigfaltigkeit des Ablautes, die wir durch Analogiebildungen wenig berührt sahen, nicht unerheblich eingeschränkt. Schon das oben erwähnte *magezoge* gehört dahin, ohne daß im übrigen die vokalische Mannigfaltigkeit in der Sippe von *ziehen* beseitigt wäre. In anderen Fällen aber finden wir heute völlige oder fast völlige Einheit des Vokalismus. So standen neben *glimmen glimmern* im Mhd. noch *glamme* ‚Glut‘, *glimen* ‚leuchten‘, *gleime* ‚Glühwurm‘; alle diese Wörter sind wenigstens in der Schriftsprache ausgestorben, und *glimmen* selbst ist im Begriffe, seine starke Abwandlung (*glomm*) mit der schwachen (*glimmte*) zu vertauschen. Auch in der Sippe von *zünden* Zunder kennen wir jetzt nur eine Ablautform: *u*. Das mhd. starke Ztw. *zinden* ‚brennen‘, das Hptw. *zander* ‚glühende Kohle‘ u. a. Verwandte sind ausgestorben; vgl. dazu got. **tindan* ‚brennen‘ (nicht belegt, aber vorauszusetzen). *tandjan* ‚anzünden‘, *tundnan* ‚entzündet werden‘. Zuweilen hat das starke Ztw. mit seinem Vokalwechsel gradezu einem schwachen mit dem zugehörigen Hptw. übereinstimmenden Platz gemacht; so ist *schallen* : *Schall* für *schellen* (noch in wenigen Resten (*er*)*scholl* (*v*)*erschollen* erhalten), *hallen* : *Hall* für *hellen*, *dampfen* : *Dampf* dämpfen für *dimpfen*, zum Teil (*er*)*küren* : *Kur* für (*er*)*kiesen* eingetreten. Im Mhd. stand neben *ruowe* (nhd. *Ruhe*) ein gleichbedeutendes *râwe*, neben *vunke* das noch bair.-österr. *vanke*, zu *kalp* gehörte ein *kilbere* ‚Mutterlamm‘ usw. Nicht wenige Ablautverschiedenheiten sind also geschwunden, weil die Wörter, die sie aufweisen, ausgestorben und durch andere ersetzt sind.

So kann das Aussterben von Wörtern nicht blos verdunkelnd auf den Zusammenhang der überlebenden wirken (I, S. 19 f.), sondern auch einen strafferen lautlichen Zusammenhang unter ihnen herstellen. Jenes ist der Fall, wenn der begriffliche Mittelpunkt, der die Ableitungen einigt, verloren geht; dieses, wenn lautliche Verschiedenheiten beseitigt werden.

Nun können wir noch einen Schritt weiter gehen. Wir können beobachten, daß nicht nur Wörter mit lautlichen Abweichungen aus einer Sippe verschwinden, sondern auch völlig alleinstehende Wörter, die keine fühlbare etymologische Anknüpfung in dem übrigen Wortschatze finden, aussterben und durch andere (Ableitungen oder Zusammensetzungen aus geläufigen Wörtern) ersetzt werden, eine Thatsache, die wiederum eine Festigung des etymologischen Zusammenhanges innerhalb des gesamten Wortschatzes zur Folge hat. Wie *wefel* durch *Einschlag*, *gleime* durch *Glühwurm* und *kilbere* durch *Mutterlamm* ersetzt sind, so ist es bei vielen anderen, isolierten Wörtern geschehen. Beispiele werden weiter unten (Abschn. V, 2) folgen, wo wir in anderem Zusammenhange auf diese Erscheinung zurückkommen werden. —

Vielfach können wir wahrnehmen, wie sich solche alten, isolierten Wörter in den Mundarten halten, während sie in der Schriftsprache durch Neubildungen ersetzt werden. Dies gilt z. B. von den drei eben genannten Wörtern. Diese Beobachtung muß uns den Gedanken nahe legen, daß in dem Wesen der S c h r i f t s p r a c h e eine Steigerung der etymologischen Durchsichtigkeit begründet liegt.

b) E i n f l u ß d e r S c h r i f t s p r a c h e.

Je kleiner der Kreis einer Sprachgemeinschaft ist und je reger der Verkehr in ihr, um so größer ist die Verständlichkeit auch bei lässiger Handhabung der Sprache, um so mehr wird daher von dieser Bequemlichkeit Gebrauch gemacht. Ungenauigkeiten in der Aussprache, und Formung der Wörter, allerlei Angleichungen von Lauten, Verstümmelungen von tonlosen Silben oder Wörtern, mehr oder weniger willkürliche Wortbildungen kennzeichnen die Sprache kleiner Verkehrskreise. Ihre höchste Steigerung erfährt diese individuelle Gestaltung der Sprache in dem kleinsten Kreise, der Familie. Wohl in jeder Familie giebt es besondere Spracheigentümlichkeiten, die von anderen kaum oder gar nicht verstanden werden. In besonderem Maße ist die Kinderstube an der Schöpfung solcher Familienwörter, Koseformen für Personen und Dinge usw., beteiligt. Aber auch wenn wir den Kreis weiter ziehen, wenn wir die Mundart des Dorfes oder des Gaues, wenn wir die Umgangssprache der Gebildeten ins Auge fassen, können wir, wenn auch in beschränkterem Maße, dieselbe Wahrnehmung machen. Die unendliche Mannigfaltigkeit der Laute in den Mundarten wurzelt ja im letzten Grunde in lautlichen Neigungen, die nur für einen kleinen Kreis Geltung erlangt haben. Wie weit die Entstellung oder Verwitterung der Wortformen in den Mundarten geht, ist bekannt. Und auch die gebildete Verkehrssprache verschmäht es in ihrem Alltagsgewande durchaus nicht, schwere Lautverbindungen zu erleichtern, unbetonte Redeteile zu vernachlässigen usw.

Diesem Hange zur B e q u e m l i c h k e i t arbeitet nun ständig entgegen das Streben nach D e u t l i c h k e i t. Führt jene ein Einschrumpfen der Wortformen herbei, so sucht dieses sie wiederherzustellen und zur früheren Fülle zurückzuführen (um hier von anderen Mitteln der Verdeutlichung abzusehen). Wie nun die Neigung zu nachlässiger Aussprache um so stärker ist, je kleiner der Verkehrskreis ist, so macht sich umgekehrt das Streben nach Deutlichkeit um so mehr geltend, je größer der Kreis ist, auf dessen Verständnis der Sprechende rechnet. An die weitesten Kreise aber wendet sich die S c h r i f t s p r a c h e, sie hat das stärkste Bedürfnis, allgemein und voll verständlich zu werden, mithin auch in den Wortformen genau und deutlich zu sein.

Die Schriftsprache ist an sich etwas Starres. Da sie auf dem geschriebenen und gedruckten Buchstaben beruht, ist sie für den, der sie erlernt, der steten Einwirkung älterer Zeiten ausgesetzt, während die gesprochene Sprache viel wandelbarer ist, weil sie nur durch die flüchtige mündliche Rede von Geschlecht zu Geschlecht übertragen wird. Die Schriftsprache hat daher etwas Konservatives. Lautliche Neuerungen und Entstellungen können in ihr nicht aufkommen. Diese entstehen immer nur in der mündlichen Rede, sei es in der reinen Mundart oder in der Umgangssprache, und ihnen gegenüber verhält sich die Schriftsprache eben a b l e h n e n d. Da sie nach Vollständigkeit der Wortform strebt, leistet sie den Wortverstümmelungen kräftig Widerstand, und da sie zugleich — was damit zusammenhängt — nach Übereinstimmung der zusammengehörigen Wortformen strebt, so gleicht sie entstandene Verschiedenheiten nach Möglichkeit aus. Soweit sich solche Wiederherstellungen und Ausgleichungen unbewußt vollziehen, haben wir es hier im Grunde mit einem ausgedehnten Wirken der A n a l o g i e zu thun, die nach dem Muster nicht betroffener Formen die lautlich veränderten wiederherstellt. Zum Teil aber macht sich hier ein b e w u ß t e s S t r e b e n geltend, und dies kommt besonders in den Festsetzungen der Grammatiker zum Ausdrucke, die für die Schriftsprache bindende Regeln aufstellen.

Eine deutsche Schriftsprache im eigentlichen Sinne ist erst die n e u h o c h d e u t s c h e. Das Mittelhochdeutsche zeigt nur Ansätze dazu, vor allem, was das Verbreitungsgebiet betrifft. Deshalb ist auch in jener Zeit die Abneigung gegen Wortentstellungen bei weitem nicht so stark wie später. Manche Form, die das Nhd. abgestoßen hat, wurde damals in den Schriftwerken unbedenklich verwandt. Erst im 15. u. 16. Jahrh., bes. durch Luther, wurde der Grund zu einer wirklichen Gemeinsprache gelegt. Die bewußte Handhabung der Sprache wurde lebhafter, Kanzleischreiber und Drucker wetteiferten in der sorgfältigen Behandlung der Sprachformen, die Schule wachte gewissenhaft darüber, und Grammatiker von Opitz an bis Gottsched und Adelung und darüber hinaus bis auf den heutigen Tag machten ihren regelnden Einfluß geltend und stärkten so das konservative Wesen der Schriftsprache.

Diese Eigenart der Schriftsprache fördert nun naturgemäß die Aufrechterhaltung der etymologischen Beziehungen in hohem Grade. Die hierhergehörigen Erscheinungen sind hauptsächlich folgende:

1. **Wiederherstellung der genaueren Abwandlungsform.** Die heutige Schriftsprache ist der Ausstoßung des tonlosen Abwandlungs- oder Ableitungs-e besonders dann abhold, wenn der Stammauslaut mit dem Konsonanten der Endung zusammenfallen, der Stamm also nicht deutlich hervortreten würde. Formen wie *tiurre* (= *teurere*) *findt* (= *findet*) *rette* (= *redete*) * *sende* (= *sehnende*) sind aufgegeben. Und doch ist gerade in solchen Fällen die Vokalausstoßung am natürlichsten und deshalb auch im Mhd. am häufigsten, häufiger noch als in Fällen wie *schreibt liebte*, wo sie heute zur Regel geworden ist. Vollends solche Formen, die durch Zusammenziehung einen Bestandteil des Stammes eingebüßt hatten, sind fast ausnahmslos beseitigt; für *seite list git* (= *sagte liegst gibt*) *län müen* (*lassen müssen*) *wen son* (*wollen sollen*) u. ä. Formen, die im Mhd. überaus häufig und mundartl. noch heute erhalten sind, hat die Schriftsprache die ursprünglichen, deutlich erkennbaren Formen eingesetzt. Ebenso ist in *eime mime dirre* (= *einem meinem dieser*) u. ä. der Stammkonsonant hergestellt; auch *mê* (= *mehr*) ist wohl hauptsächlich wegen der abgewandelten, das *r* bewahrenden Formen wieder aufgegeben.

2. **Beseitigung von Lautschwächungen proklitischer und enklitischer Wörter.** Während die heutige Schriftsprache in dieser Hinsicht fast nur die Verschmelzung von Artikel und Präposition gestattet (*am zur aufs*), ist die ältere Sprache, wie noch heute die mündliche Rede, viel reicher an derartigen Erscheinungen. Dahin gehören die Anlehnung des Artikels an das folgende Hptw.: *in derde* (= *in die erde*) *swirtes* (= *des wirtes*) oder an das vorhergehende Ztw.: *Philippe setze en* (= *den*) *weisen ûf* (Walther), *enwiht* (= *ein wiht*), die Anlehnung des persönl. Fürw.: *tuoste* (= *tuost du*) *baten* (= *bat in*) *dun* (= *du in*) *mitter* (= *mit dir*), der Präposition: *enmitten* (nhd. *inmitten*) *ver guot* (*für gut*) *bezite* (*bei Zeiten*) *besite frühnhd. beseit(s)* (*beiseite*) *zêrste* (*zuerst*) *zim* (*zu ihm*), Verschmelzungen wie *eist* (= *ez ist*) *deich* (= *daz ich*) *weiz* (= *waz ez*) usw. Vgl. auch die Schwächung der proklitisch gebrauchten *hérre vrouwe* zu *her er ver* (I, S. 11). Besonders hinweisen will ich noch auf den unbestimmten Artikel *ein*, der in der Schriftsprache im Gegensatze zu allen Mundarten und zu der ungezwungenen Verkehrssprache seine volle Form bewahrt hat, ein deutlicher Beweis für das Streben der Grammatiker nach Genauigkeit und Gleichmäßigkeit der Wortform (I, S. 12).

3. **Ausgleichung von Zusammensetzungsgliedern mit dem einfachen Worte.** Die schweren Konsonantenverbindungen, die nicht selten bei Zusammensetzungen mehrerer Wortstämme entstehen, sucht sich das Mhd., wie noch immer die mündliche Rede, zu erleichtern. Wie man in *Hauptmann* bei schnellem Sprechen das *t* unterdrückt, so heißt es im Mhd. nicht selten *geislich lussam riliche kirwihe* u. dgl., während heute nur *geistlich lustsam reichlich Kirchweihe* gestattet sind; vgl. auch mhd. *tâlanc* = *tagelang*. Ähnlich ist das ursprünglich in seiner niederd. Form aufgenommene *Bôßmann* der etymologisch deutlicheren Form *Bootsmann* gewichen. Wie hier die Konsonantenausstoßung, so ist nicht selten auch die lautliche Schwächung des zweiten Bestandteiles von der neueren Schriftsprache nicht angenommen. Die mhd. Formen *himper brämber* sind ersetzt durch *Him- Bronbeere*, ebenso die im älteren

---

* Mit Ausnahme der rückumlautenden *sandte wandte* und des isolierten *beredt*. Die ersten sind durch den abweichenden Vokal geschützt, zu einem *sandete : senden* fehlt jede Analogie; und das letzte wird nicht mehr als Verbalform empfunden, als solche dient vielmehr *beredet* mit wiederhergestelltem *e*.

Nhd. oft begegnenden *Vortel Urtel* (dies noch bei Schiller) jetzt ganz aufgegeben zu Gunsten von *Vor- Urteil*. Hier ist überall in der Zusammensetzung die Form des selbständigen Wortes hergestellt. Seltener ist das Umgekehrte der Fall, so bei *hier* (früher gewöhnlich *hie*), das sein *r* von den Zusammensetzungen *hierin hieran* usw., wo es geschützt war, zurückerhalten hat. — Das Streben nach gleichmäßiger Form desselben Zusammensetzungsgliedes zeigt sich auch darin, daß die im Mhd. häufige Angleichung der **Vorsilben** heute wenigstens in der Schriftsprache wie in edler Aussprache aufgegeben ist. Es heißt nicht mehr *amblic umbescheiden*, sondern *Anblick unbescheiden*, nicht mehr *empieten emphüeren enkelten*, sondern *entbieten entführen entgelten*. Ähnlich hat *zer-* alle Nebenformen (mhd. meist *ze*, md. z. B. bei Luther auch *zu zur*) jetzt endgültig verdrängt und so nicht nur eine einheitliche, sondern auch die vollständigste und deutlichste Form zur Geltung gebracht. Endlich will ich noch auf *ge-* hinweisen, das im Mhd. häufig sein *e* einbüßte (*géret gnóz* = nhd. *geehrt Genosse*), es aber in der heutigen Schriftsprache wiederhergestellt hat. Wie dieser Gegensatz zwischen *ge-* und *g-* mit dem Gegensatze der od. und md. Mundarten zusammenhängt und wie sich allmählich die deutlichere Form festgesetzt hat, ist von Hildebrand im D. W. 4, 1, 1596 ff. ausführlich dargelegt. — Einen besonderen Einfluß hat die Schriftsprache, in diesem Falle die Geschäftssprache der Behörden, auf die Erhaltung bezw. Wiederherstellung der **Ortsnamen** ausgeübt. Die ältere, in Urkunden überlieferte Namensform hielt man fest, unbekümmert um die stetig fortschreitende Vereinfachung und Entstellung der häufig recht langen und schwerfälligen Namen. So steht in zahllosen Fällen eine schriftsprachliche, amtliche Form neben der volkstümlichen, z. B. od. *Stuttgart* neben *Stuckert*, md. *Rudolstadt* neben *Rülscht*, nd. *Dorstadt* neben *Döste* usw. Man sieht, wie die schriftsprachliche Form mindestens im zweiten Bestandteile zugleich die deutlichere und etymologisch verständlichere ist.

4. **Ausgleichung von Grundwort und Ableitung.** Dieser Fall ist selten, weil in Ableitungen die (betonte) Form des Stammes im allgemeinen ihren vollen Lautkörper bewahrte. Er liegt vor z. B. in *Jagd*, für die früher viel gebrauchte zusammengezogene Form *Jaid*, und in dem besonders lehrreichen *lebendig*. Dies Wort war ursprünglich natürlich auf der ersten Silbe betont, bis in das 17. Jahrh. (*du lebendiger Tod* ist die zweite Hälfte eines Alexandriners von Opitz); ja noch in der ersten Hälfte des 18. Jahrh. läßt sich diese Betonung in der gebildeten Bürgersprache Leipzigs nachweisen, und landschaftl. ist sie noch heute bewahrt. Nun ist die zweite Silbe infolge ihrer Tonlosigkeit schon früh zusammengeschrumpft. Vom 12. Jahrh. an lassen sich Formen wie *lemtig* u. a. nachweisen, die noch heute in vielen md. und od. Mundarten herrschen. Die Schriftsprache aber hat die ältere, reine und deutliche Form siegreich durchgesetzt. Ja, dieses Bestreben, die Mittelsilbe vor der Verkümmerung zu *m* gewaltsam zu bewahren, die Bemühung des Lehrers, die in der Aussprache der Schüler gefährdete Silbe durch deutliche Aussprache und nachdrückliche Hervorhebung zu retten, hat wohl auch, wie Hildebrand (Beitr. z. deutsch. Unterr. S. 310/4) vermutet, jene überaus seltsame und regelwidrige (zuerst im 16. Jahrh. nachweisbare) Betonung auf der Mittelsilbe herbeigeführt.

So ist die Schriftsprache mit Erfolg bemüht, Wörter und Silben, die durch Lautangleichung oder Tonschwäche gefährdet sind, wiederherzustellen und so die etymologische Durchsichtigkeit zu wahren. Aber ihr Einfluß erstreckt sich nicht nur auf die **gegebenen Wortformen**, sondern auch auf die **Gestaltung des Wortschatzes**. Dasselbe Streben nach Deutlichkeit und Allgemeinverständlichkeit, das jene Formen vor der Verwitterung und Entstellung schützte, zugleich aber, wie wir sehen werden, das Bedürfnis, neue Ausdrücke zu prägen, macht sich geltend in der

5. **Schöpfung etymologisch klarer Ableitungen und Zusammensetzungen.*** Zwar ist die Schriftsprache aus den Mundarten hervorgewachsen und schöpft immer wieder aus

---

* Vgl. zum Folgenden Kluge, über die Entstehung unserer Schriftsprache, Wiss. Beih. zur Ztschr. des Allg. Deutsch. Sprachvereins VI, S. 1—15.

ihrem reichen Borne. In der Zeit ihrer Entstehung war es geradezu notwendig, daß bei dem Wettstreite zwischen den Mundarten, besonders zwischen md. und od., die mannigfachen Verschiedenheiten im Wortschatze dadurch ausgeglichen wurden, daß sich die eine Landschaft der andern unterordnete; Luthers md. Ausdrücke fanden auch im Süden in der Schriftsprache Eingang, so *Hügel* für *Bühel*, *Lippe* für *Lefze*, *Ufer* für *Gestade*, *beben* für *bidmen*, *heucheln* für *gleißnen*, *sichten* für *reitern* usw.* Und auch später haben oft genug Wurzelwörter ohne fühlbare etymologische Verwandtschaft aus der Mundart eines mehr oder weniger eng umgrenzten Gebietes durch die Litteratur ihren Weg über das ganze Sprachgebiet gefunden. So sind die für die Schriftsprache jungen Wörter *Schrulle* und *barsch* ursprünglich nur nd., *heikel* nur od., *Fex* stammt aus Tirol, *Gigerl* aus Wien usw.

Aber soviel sich auch die Schriftsprache durch mundartliche Wurzelwörter bereichern mag, ihr eigentliches Leben äußert sich in der Bildung neuer Wörter aus altem Sprachstoffe durch Ableitung oder Zusammensetzung. Solche Neubildungen sind im weitesten Umfange erforderlich für die Fülle von Begriffen, die nur für die Schriftsprache in Betracht kommen. Die Begriffskreise der Mundarten decken sich im allgemeinen mit den Bedürfnissen des täglichen Lebens; die Schriftsprache erhebt sich darüber zu höheren Interessen. Die mannigfaltigen Zweige der immer mehr gesteigerten materiellen und geistigen Kultur, die Künste wie die Wissenschaften bedürfen für neue Begriffe auch neuer Bezeichnungen, die in den Mundarten überhaupt nicht vorhanden sind. Vor allem fehlen hier die Ausdrücke für viele Allgemeinbegriffe (z. B. *Säugetier Blütenpflanze Nahrungsmittel*), desgleichen für abstrakte Dinge. Nur selten wird ein mundartl. Wort zur Prägung eines Fachausdruckes verwandt werden können, wie z. B. das nd. *flau* in die Sprache des Kaufmannes und des Malers (und dann weiter in die Allgemeinsprache) Eingang gefunden hat. Am meisten ist es noch der Fall in gewissen Zweigen der Technik. Denn diese dient den unmittelbaren Bedürfnissen des Lebens, sie grenzt somit an den Begriffskreis der Mundarten an und kann sich Ausdrücke der Gewerbe zu eigen machen. Insbesondere sei hier an die Sprache des Seewesens erinnert, die sich fast ganz auf der Schiffersprache aufbaut.** Aber von diesen immerhin geringfügigen Einschränkungen abgesehen, sieht sich die Schriftsprache, wenn sie nicht zu dem bequemen, aber unredlichen Auskunftsmittel der Fremdwörter greifen will, darauf angewiesen, aus eigenem Stoffe Neues zu prägen. Dies kann geschehen, indem man bereits vorhandenen Wörtern eine neue Bedeutung unterlegt, besonders aber, indem man neue, abgeleitete oder zusammengesetzte Wörter bildet. Die Schriftsprache hat vor den Mundarten eine ungeheure Fülle solcher Wörter voraus; der Wortschatz der Mundarten stammt aus einer viel älteren Zeit, in der die wurzelhaften Bildungen überwogen, und zeigt demnach viele solche altererbten Wurzelwörter, die der Schriftsprache fehlen, weil die entsprechenden Begriffe ihrem Interessenkreise fern liegen. Ein Blick in ein schriftspr. und in ein beliebiges mundartl. Wörterbuch überzeugt uns davon. Unter diesen Umständen muß der Wortschatz der Schriftsprache eine größere etymologische Durchsichtigkeit aufweisen als der einer Mundart. Die Schriftsprache verfügt nur über eine verhältnismäßig geringe Anzahl von Wurzeln, diese aber hat sie durch Ableitung und Zusammensetzung reich entfaltet.

Aber die Schriftsprache befindet sich nicht immer in einer Zwangslage, es handelt sich nicht bloß um die Benennung neuer Begriffe. Gar manche Begriffe hat sie doch mit den Mundarten gemein. Und hier ist ihr Streben nach Gemeinverständlichkeit besonders wirksam. Da ihre Bezeichnungen über die engen Grenzen einer Mundart hinaus für das ganze Sprachgebiet gültig sein sollen, so müssen sie überall ohne weiteres verständlich sein,

---

* Vgl. Kluge, von Luther bis Lessing, S. 75 ff.
** Zwar nehmen die Fachsprachen eine Sonderstellung innerhalb der Schriftspr. ein; sie sind hinsichtlich des Wortschatzes gewissermaßen selber Mundarten, nur nicht auf örtliche, sondern auf Berufsgemeinschaft gegründete. Da aber nicht wenige Fachausdrücke zugleich Gemeingut der Schriftspr. sind, so behält das oben Gesagte seine Richtigkeit.

und das sind sie am leichtesten, wenn sie sich an allbekannte Wörter als Ableitungen oder Zusammensetzungen anschließen. Diese etymologische Durchsichtigkeit hat aber den weiteren Vorteil, daß sie eine beträchtliche Entlastung des Gedächtnisses zur Folge hat, und diese ist um so notwendiger, je umfangreicher und mannigfaltiger die von der Schriftsprache umspannten Stoffgebiete, je massenhafter die von ihr zu bewältigenden Begriffe sind. So sehen wir denn, daß alte, mehr oder minder isolierte Wurzelbildungen, die sich in den Mundarten erhalten haben, in die Schriftsprache gar nicht aufgenommen oder wieder aus ihr verdrängt und durch deutliche Neubildungen ersetzt sind. Beispiele s. u. Abschn. V, 2; vgl. auch S. 7. Solche Neuschöpfungen haben dieselbe Wirkung, wie die oben besprochene Bewahrung der älteren, deutlicheren Wortformen (1—4): eine Festigung der etymologischen Zusammenhänge, eine Kräftigung des etymologischen Bewußtseins. Der Wortform gegenüber zeigt sich die Schriftsprache erhaltend, dem Wortschatze gegenüber umgestaltend. Beides aber, die morphologische Bewahrung des Alten und die lexikalische Schöpfung von Neuem, hat dieselbe Wirkung: eine gesteigerte etymologische Durchsichtigkeit. —

Wir haben gesehen, daß die nhd. Schriftsprache Formen wie *Anblick* für mhd. *amblic* wiederhergestellt hat. Wenn wir uns aber dabei gegenwärtig halten, daß die angegliehene Form in der ungezwungenen Aussprache auch des Gebildeten fortbesteht und die deutlichere Form vorwiegend nur für das g e s c h r i e b e n e Wort gilt, so gewinnen wir damit einen neuen Faktor, der für die Erhaltung der etymologischen Zusammenhänge von Bedeutung ist: die S c h r i f t. Zwar ist die Gemeinsprache ohne Schrift nicht denkbar, verdankt sie ihr doch den Namen Schriftsprache; aber sie wird doch auch gesprochen, und deshalb sind wir berechtigt, hier eine Scheidung vorzunehmen und der schriftlichen Gestaltung der Worte, der sogen. Rechtschreibung, eine gesonderte Betrachtung zu widmen.

c) Einfluß der Schrift.

Die erste Vermittlung der Sprache geschieht nur durch das O h r. Das Kind lernt die Laute und Wörter nachsprechen, die es h ö r t. Die Eindrücke des Ohres setzen sich um in Bewegungen der Sprechwerkzeuge, die für das Ohr denselben Eindruck hervorrufen. Bald aber tritt zu diesen beiden Faktoren des Gehöreindruckes und des Bewegungsgefühls ein neuer. Das Kind lernt lesen und schreiben, es s i e h t die Wörter mit dem A u g e, darunter viele, die es noch nie gehört hat, und auch die früher durch das Ohr empfangenen sieht es nun unzählige Male geschrieben und gedruckt. So verknüpft sich die begriffliche Vorstellung nicht nur mit dem Lautbilde, sondern auch mit dem Schriftbilde des Wortes, eine Verknüpfung, die um so inniger wird, je häufiger die sichtbare Gestalt des Wortes durch Lesen oder Schreiben in das Bewußtsein tritt. Da nun die Eindrücke des Auges im allgemeinen stärker und dauernder sind als die des Ohres, so ist es begreiflich, daß sich das Schriftbild dem Bewußtsein meist fester einprägt als das Lautbild. Da sich endlich unserem Bewußtsein die empfangenen Eindrücke vorwiegend als Bilder, als Anschauungen oder mit Hülfe solcher darstellen, so nimmt ein Wort, das wir rein seelisch in uns erzeugen, z. B. um darüber zu reflektieren, für unseren inneren Sinn nicht sowohl die lautliche als die schriftliche Gestalt an. Dies gilt selbst für Wörter, die wir noch nie geschrieben oder gedruckt gesehen haben. Kurz, wir nehmen die Sprache nicht nur mit dem Ohre, sondern auch mit dem Auge in uns auf. Was von einer fremden Sprache, die wir nur aus Büchern lernen, uneingeschränkt gilt, das gilt in hohem Maße auch von der Muttersprache. Diese feste seelische Verknüpfung des Wortes mit seiner schriftlichen Gestalt führt da, wo Schreibung und Aussprache nicht übereinstimmen, sogar zu einer Selbsttäuschung über die Gehöreindrücke, die man empfängt, und die Sprechbewegungen, die man ausführt; d. h. man bildet sich ein, die Laute zu sprechen und zu hören, die man schreibt. Nur phonetische Schulung vermag davor zu schützen. Selbst von wissenschaftlich gebildeten Männern kann man behaupten hören, daß sie z. B. in *Wald* ein *d*, in *Laub* ein *b* sprechen.

Und wie viele glauben in *ei* oder *eu* wirklich die beiden durch die Schrift bezeichneten Laute zu erzeugen, auch wenn sie thatsächlich dafür *ae* und *oe* sprechen! Damit hängt zusammen, daß eine Einwirkung der Schrift auf die Aussprache im allgemeinen nicht besteht. Die Aussprache regelt sich nicht nach den geschriebenen Lauten, sondern diesen werden unbewußt die gesprochenen Laute untergeschoben. Derselbe Mensch spricht *entbehren* mit offenem *ä* und *thäte* mit geschlossenem *e*, ohne sich durch die übliche Schreibung beeinflussen zu lassen. Nur bei weniger geläufigen Wörtern, bes. bei mundartl. Ausdrücken oder Eigennamen, die uns zunächst oder nur durch die Schrift vermittelt werden, wird sich die Aussprache an den geschriebenen Laut anlehnen. Sonst sind derartige Einwirkungen selten. So ist die heute gültige Aussprache von *Epheu* = *ĕ-feu* (mhd. *ebe-höu ep-höu*, od. noch heute *Ep-heu*) sichtlich eine Folge der Gewohnheit, geschriebenes *ph* als *f* zu lesen. Im allgemeinen aber darf der Einfluß der Schrift auf die Aussprache nicht überschätzt werden.

Aber nach einer anderen Seite, nämlich für das etymologische Bewußtsein, darf die Bedeutung der Schrift nicht unterschätzt werden. Die Stärke, mit der sich die Schriftgestalt des Wortes dem Bewußtsein einprägt, vermag, wenn Aussprache und Schreibung von einander abweichen, nicht nur zur Täuschung über die wirklich gesprochenen Laute zu verleiten, sondern auch bedeutsame W i n k e für das e t y m o l o g i s c h e V e r s t ä n d n i s zu geben.

Die Schrift ist nie und nirgend ein völlig lautgetreues Abbild der Sprache. Die Rechtschreibung beruht im allgemeinen auf einem Ausgleiche zwischen dem Bestreben, die Laute möglichst genau wiederzugeben, und dem (bes. durch den Buchdruck geförderten) Bestreben, das überlieferte Wortbild, d. h. den schriftlichen Niederschlag der früheren Aussprache, festzuhalten. Beide Prinzipe, das p h o n e t i s c h e und das g e s c h i c h t l i c h e, liegen stets im Streite mit einander, weil sich die Aussprache im Laufe der Zeiten ändert. Je mehr nun die Rechtschreibung einer Sprache das Ältere bewahrt, um so mehr kommt sie damit dem etymologischen Bewußtsein zu Hülfe. Denn das Ältere heißt hier die Einheit des (später differenzierten) Lautbildes. In Sprachen mit stark ausgeprägter geschichtlicher Schreibung, z. B. der französischen und der englischen, giebt die schriftliche Gestalt des Wortes, z. B. durch Buchstaben, die nicht mehr ausgesprochen werden, einen Wink über seinen etymologischen Zusammenhang, der den Sprachen mit lauttreuer Schreibung abgeht, wie z. B. dem Italienischen und jetzt auch dem Spanischen, nicht minder den Mundarten, die im allgemeinen phonetisch aufgezeichnet werden. Wörter wie *boatsrain Southwark* können nur geschrieben einen Aufschluß über ihre Bestandteile geben, den sie gesprochen (*bōsən söthərk*) mindestens für den zweiten Teil schuldig bleiben; vgl. auch *monsieur* (*mosjū*) usw.

Außer dem phonetischen und dem geschichtlichen Prinzipe läßt sich aber noch ein drittes unterscheiden, das e t y m o l o g i s c h e, das die Schrift nach etymologischen Bedürfnissen zu regeln, d. h. ohne Rücksicht auf die thatsächliche Aussprache eine möglichst große Gleichheit der Stammform in den zusammengehörigen Wörtern herzustellen sucht. Dies Prinzip hat naturgemäß ähnliche Wirkungen wie das geschichtliche, mit dem es sich nah berührt. Es ist besonders bei der Gestaltung der n e u h o c h d e u t s c h e n R e c h t s c h r e i b u n g maßgebend gewesen gegenüber der im Mhd. herrschenden lauttreuen Schreibung. Der Übergang der Medien in Tenues im Silbenauslaute findet in der Aussprache heute so gut statt wie in der mhd. Zeit, in der Schrift aber ist der Unterschied beseitigt. Im Mhd. standen neben einander *liep lieplich* : *lieber liebe lieben; vint vientlich vientschaft* : *viende viendinne; arc arcwân* : *arger ergern*. Heute ist in allen diesen Formen die Media als der vorherrschende Laut durchgeführt. Vgl. auch Schreibungen wie *sandte wandte* (mhd. *sante wante*). Ebenso ist die Konsonantenverdopplung im Silbenauslaute durchgeführt, vgl. mhd. *man menlin menlich* : *mannes mennisch;* nhd. auch *Mann Männlein männlich*. Dahin gehört auch die Ersetzung der durch Umlaut entstandenen *e eu* (aus *iu*) durch die auf die Herkunft hinweisenden Zeichen *ä äu*, vgl. mhd. *kalt* : *kelte, sac* : *seckel*. *fûst* : *fiustelinc, lût* : *liuten* mit nhd. *kalt* : *Kälte, Sack* : *Säckel, Faust* : *Fäustling, laut* : *läuten*.

Mit Recht vergleicht P a u l Princ. S. 332 »die Verdrängung einer älteren phonetischen Schreibweise durch eine etymologische mit der Analogiebildung . . . ja wir dürfen sie geradezu als eine auf die geschriebene Sprache beschränkte Analogiebildung bezeichnen.« Demnach ist auch ihre Wirkung dieselbe; wie dort durch die Ausgleichung des Lautbildes, so wird hier durch die Ausgleichung des Schriftbildes der etymologische Zusammenhang gefestigt. Die etymologische Schreibung erweist sich in dieser Beziehung besonders dann als wirksam, wenn nach der Festsetzung der Schreibung eine etwas stärkere begriffliche Scheidung der verwandten Wörter eintritt, wie z. B. bei *Säckel läuten Häcksel*. Wie sehr hier das Schriftbild an die Ableitung erinnert, wird uns noch deutlicher, wenn wir die Gegenprobe machen, wenn wir uns die alten Schreibungen *Seckel*, *leuten* und *Hecksel* oder gar *Hexel* beibehalten denken. Bei noch stärkerer Lockerung vermag freilich auch die etymologische Schreibung nur eine schwache Stütze zu gewähren, so bei *nämlich* : *Name*.

Jene Ausgleichung pflegte aber nur dann vorgenommen zu werden, wenn der etymologische Zusammenhang hinreichend durchsichtig war, im umgekehrten Falle wurde die altüberlieferte Schreibung beibehalten; so schreibt man zwar *Schuldner schuldlos*, aber *Schultheiß* : *Schuld* ; *Mann männlich* usw., aber *man Mensch* : *Fährte*, aber *fertig* : *Fahrt* (vgl. auch *hoffärtig* : *Hoffart*), *Fährmann*, aber *Ferge* : *Fähre fahren*; *Hände*, aber *behende* : *Hand*, *Greuel greulich* : *grauen*, *Heu* : *hauen* usw. In diesen Fällen trägt die Schreibung zur Verdunklung der Ableitung bei. Schriebe man etwa für *Mensch* streng etymologisch *Männsch*, so würde dadurch der Ursprung des Wortes angezeigt, während die gewohnte Schreibung nichts darüber verrät. Die Schrift wäre in solchen Fällen, wo genaue lautliche und begriffliche Entsprechung fehlt, der einzige Faktor, der das etymologische Bewußtsein stützen könnte.

IV. Die Bedeutung des etymologischen Bewusstseins für die begriffliche und lautliche Entwicklung der Wörter.

Bisher haben wir die Mächte betrachtet, die einerseits eine Lockerung (Abschn. I. II), anderseits eine Festigung (Abschn. III) der etymologischen Zusammenhänge für das Sprachbewußtsein herbeiführen, und dabei gelegentlich den Einfluß streifen müssen, den das etymologische Bewußtsein seinerseits auf die Wortentwicklung ausübt. Diesem Punkte müssen wir jetzt näher treten. Hat uns bisher das etymologische Bewußtsein als Untersuchungsobjekt an sich beschäftigt, wie es sich unter verschiedenartigen störenden und fördernden Einflüssen darstellt, so betrachten wir es jetzt als wirksamen Faktor der Sprachgeschichte. Es erhebt sich die Frage: welchen Einfluß hat die Bewahrung bezw. Lockerung des etymologischen Zusammenhanges auf die weitere Entwicklung der Wörter, und zwar auf ihre B e d e u t u n g s e n t w i c k l u n g und auf ihre L a u t g e s t a l t u n g ?

Was die Beeinflussung der Bedeutung betrifft, so handelt es sich darum, unter welcher Bedingung sich eine B e d e u t u n g s v e r ä n d e r u n g von dem einen verwandten Worte auf das andere, von dem Grundwort oder dem Worte, das dem Sprachgefühle als solches erscheint, auf die Ableitung ü b e r t r a g e n kann. Zunächst ergibt sich im allgemeinen folgendes. Die Verwendung der Ableitung in einem der veränderten Bedeutung des Grundwortes entsprechenden Sinne ist als eine Art Neubildung anzusehen, eine Neubildung nach der begrifflichen Seite hin; diese kann aber nur zustande kommen, indem sie der Ableitung an das Grundwort angeknüpft wird. Daraus folgt, daß dem Sprechenden bei dem Gebrauche der Ableitung in der neuen Bedeutung das Grundwort vorschweben, mit anderen Worten, daß die A b l e i t u n g noch als s o l c h e e m p f u n d e n werden muß. Nur unter dieser Bedingung ist eine Bedeutungsübertragung von Grundwort auf Ableitung möglich. Der umgekehrte Fall ist viel seltner, die Ableitung geht viel häufiger ihre eigenen Wege, auf denen das Grundwort nicht zu folgen braucht. Denn während bei der Verwendung der Ableitung das Grundwort im allgemeinen dem Bewußtsein vorschwebt, verwenden wir das Grundwort, ohne dabei etwaige Ableitungen im Sinne zu haben. Eine besondere Bedeutungsentwicklung der Ableitung wird sich also dem Grundworte nicht leicht mitteilen, ganz abgesehen davon, daß dies bei dem vielfach eingeengten Begriffsgebiete der Ableitung oft gar nicht möglich ist (vgl. *Sänfte* : *sanft*). Kurz, das Grundwort als das überall durchempfundene, beherrschende Element kann seine mannigfaltige Bedeutungsentfaltung bei den Ableitungen viel leichter zur Geltung bringen, als umgekehrt. In jedem Falle aber hat eine gleichmäßige Bedeutungsentwicklung das Bewußtsein der Zusammengehörigkeit zur notwendigen Voraussetzung. Eine Ableitung b r a u c h t natürlich nicht allen Bedeutungen des Grundwortes zu folgen, sie thut es nur, soweit ein Bedürfnis dazu vorhanden ist (vgl. *fuchsig Füchsin* gegenüber der Bedeutungsentfaltung von *Fuchs*); aber sie k a n n ihnen folgen, und kann ihnen n u r folgen, wenn sie noch als Ableitung empfunden wird. Es fragt sich nun, welche Rolle dabei l a u t l i c h e V e r s c h i e d e n h e i t e n spielen. Es liegt nahe anzunehmen, daß sich die Bedeutungsentwicklung des Grundwortes auf Ableitungen leichter bei lautlicher Übereinstimmung überträgt als bei lautlicher Verschiedenheit, weil im ersten Falle das Grundwort deutlicher vorschwebt als im zweiten; und P a u l Princ. S. 160 spricht es geradezu aus: »Die Zerstörung der Übereinstimmung in der Lautgestaltung begünstigt . . die Zerstörung der Übereinstimmung in der Bedeutung.« Dieser Satz bedarf aber einer Einschränkung. Nicht die lautliche Verschiedenheit an sich ist ein erschwerender Umstand, sondern die Erstarrung des Lautwandels. Wenn ein Lautwandel lebendig, also die durch ihn geschaffene Verschiedenheit dem Sprachbewußtsein etwas Geläufiges ist, wie z. B. der Umlaut (I, S. 6), kann er den engen Zusammenschluß von Grundwort und Ableitung nicht hindern. Trotzdem *Schwäche schwächen* durch zwei Vorgänge ein ganz anderes Lautbild gewonnen haben als *schwach*, haben sie zu diesem ihrem Stammworte immer in denkbar engster Beziehung gestanden; denn jene lautlichen Vorgänge sind immer geläufig geblieben, wir würden die Ableitungen, wenn sie nicht schon bestünden, noch heute so bilden. Und so ist ihre Bedeutungsentwicklung der des Grundwortes völlig parallel. Wenn aber die lebendige Wirksamkeit des Lautwandels erlischt, wenn die lautliche Verschiedenheiten nur gedächtnismäßig überliefert werden (wie der Wechsel *e* : *i* usw.), besteht zwar zunächst immer noch eine enge Beziehung zwischen den zusammengehörigen Formen (soweit sie sich nicht etwa schon aus anderen Gründen begrifflich von einander entfernt haben); aber wenn nunmehr das Grundwort seine Bedeutung ändert, wird eine Übertragung dieser neuen Bedeutung auf die lautlich abweichende Ableitung zwar nicht unmöglich gemacht, aber erschwert. Daß z. B. *Schlichte* (dafür jünger *Schlichtheit*) *schlichten* an der eigentümlichen Bedeutungsentwicklung ihres Grundwortes *schlecht* nicht teilgenommen haben, hat gewiß seinen Grund vor allem in der lautlichen Verschiedenheit. Diese bewirkte, daß sie nicht mehr als lebendige Ableitungen von *schlecht* empfunden wurden, daß bei ihrem Gebrauche das Grundwort nicht mehr deutlich vorschwebte. Beide Wörter konnten zu der Zeit, wo jene neue Bedeutung aufkam, nicht mehr mit dieser Vokalisation zu *schlecht* neu hinzugeschaffen werden, sie wurden vielmehr als unabhängig gewordene Bildungen rein gedächtnismäßig überliefert. Deshalb ging die neue Bedeutung auf sie nicht über, wie es doch z. B. der Fall war bei *Schlechtheit Schlechtigkeit*. Die Bedeutungsveränderung ergriff also die lautlich übereinstimmenden Glieder der Sippe, aber nicht die lautlich abweichenden. Ähnlich ist das Verhältnis, in dem *rechtlich* und *Richte richten* : *recht* stehen. Bei *Milde mildern* : *mild*. *kranken Krankheit* : *krank* u. a. sehen wir die Ableitungen an der Bedeutungsentwicklung des Grundwortes ohne weiteres teilnehmen. — Gleichwohl darf der Einfluß des lautlichen Momentes nicht überschätzt werden. Erinnern wir uns an den Bedeutungsparallelismus, der zwischen *Schluß* : *schließen*, *Zug* : *ziehen* (vgl. bes. die Zusammensetzungen) trotz eines nicht mehr lebendigen Lautwandels besteht, so sehen wir, daß enger begrifflicher Zusammenhang und das Gefühl für das Ableitungsverhältnis die Ableitung trotz abweichenden Lautbildes befähigt, an der Bedeutungsentfaltung des Grundwortes teilzunehmen. Wenn so oft formelle und begriffliche Gleichheit bez. Verschiedenheit mit einander verbunden sind, so hat dies seinen Grund nicht nur darin, daß sich die lautlich abweichende Form an der Bedeutungsveränderung des Grundwortes nicht beteiligt, sondern vor allem auch darin, daß lautlich abweichende Bildungen bei engem begrifflichem Zusammenhange oft durch Analogie- und sonstige Neubildungen verdrängt werden, während sich begrifflich isolierte Wörter in ihrer lautlichen Besonderheit erhalten. Denn allerdings strebt die Sprache immer danach, mit begrifflicher Gleichheit auch formelle Gleichheit zu verbinden.

Kommt somit der Lautgestalt nur eine eingeschränkte Bedeutung in unserer Frage zu, so ist dagegen der begriffliche Zusammenhang von der größten Wichtigkeit für die Übertragung einer Bedeutungsveränderung von dem einen verwandten Worte auf das andere. Je mehr sich die Bedeutung der Ableitung von der des Grundwortes entfernt hat, um so undeutlicher schwebt dem Bewußtsein bei der Verwendung der Ableitung das Grundwort vor, um so mehr wird es sich also der Beteiligung an einer Bedeutungsänderung des Grundwortes entziehen (noch mehr, wenn zugleich eine lautliche Verschiedenheit hinzukommt, wovon ich hier absehen kann). Indessen kommt es auch hier mehr noch auf das Gefühl für die Ableitung als solche als auf genaue begriffliche Übereinstimmung an. Am lebendigsten aber ist jenes Gefühl im allgemeinen bei noch lebenden Ableitungssilben (I, S. 20 ff.); hier kann die Ableitung stets neu zu dem Grundworte hinzugeschaffen werden, die Beziehungen zwischen beiden werden immer wieder erneuert, die Bedeutungsübertragung vollzieht sich daher leicht, um so leichter, je schöpferischer das Suffix ist. An dem Bedeutungswandel eines Ztw. nehmen so lebendige Ableitungsklassen, wie die Nom. ag. u. act. auf -er -ung (-er)ei Ge- ohne weiteres teil, wenn sie auch in Wirklichkeit nicht immer alle gebildet werden. Deshalb kann sich bei lebendigen Ableitungssilben die Ableitung sogar bei einer bereits eingetretenen Bedeutungsscheidung wieder an das Grundwort anschließen. Man wird dann aber — und je stärker das Auseinandergehen der Bedeutung, um so gewisser — sagen dürfen, daß die Ableitung in ihrer neuen, sich an das Grundwort anlehnenden Bedeutung eine ganz neue Bildung ist und keine Fortsetzung der gleichlautenden älteren Ableitung mit der älteren Bedeutung.* Dieser Fall ist aber im ganzen selten, weil es begrifflicher Weise vermieden wird, eine durch ihre besondere Bedeutungsentwicklung isolierte Ableitung zugleich in einer neuen, dem Grundworte entsprechenden Bedeutung zu verwenden. In diesem Falle zieht das Unterscheidungsbedürfnis gern eine lautliche Verschiedenheit, z. B. den Umlaut, in seine Dienste, oder bedient sich einer anderen Ableitungssilbe, oder greift endlich zu einer ganz anderen Ausdrucksweise, einer Zusammensetzung, Umschreibung od. dgl. Ein seltner Fall ist es z. B., wenn Goethe das von *schmachten* abgeleitete, aber merklich isolierte *schmächtig* in einer Bedeutung verwendet, die wieder an das Grundwort anknüpft (Faust: *mir ist's wie dem Kätzlein schmächtig*). Lieber wird man in diesem Sinne mit Unterdrückung des Umlautes *schmachtig* sagen, ein Wort, das wenigstens in der Umgangssprache gebraucht wird. So haben sich auch *Fräulein Sänfte schmälen kränken häßlich lieblich* so weit von ihren Grundwörtern entfernt, daß sie nicht mehr als Verkleinerungsform von *Frau*, als Abstraktbildung zu *sanft*, als Bewirkungswörter von *schmal krank*, und in der Bedeutung ,des Hasses, der Liebe wert' verwandt werden können. Es treten dafür ein die mit anderen Ableitungssilben gebildeten *Frauchen Sanftheit* (auch *Sanftmut*) (ver)*schmälern*, die Umschreibung *krank machen*, die Zusammensetzungen *hassenswert liebenswürdig* u. dgl.

Anders liegt der Fall bei solchen Ableitungen, deren Bildungsweise nicht mehr lebendig ist. Sie können nicht mehr neu zu dem Grundworte hinzugeschaffen werden, mithin an dessen Bedeutungswandel minder leicht teilnehmen. Es genügt hier nicht, daß ein deutliches Bewußtsein für ihre etymologische Zugehörigkeit besteht, es muß auch das Gefühl für die ursprüngliche Bedeutung der Ableitungsweise noch einigermaßen bewahrt sein, wenn sie die

---

* Die Frage nach den Grenzen der Worteinheit, d. h. ob wir ein oder mehrere Wörter anzusetzen haben, wird uns später beschäftigen.

Fähigkeit behalten sollen. an den Wandlungen des Grundwortes teilzunehmen. Das ist z. B. der Fall bei manchen Nom. act. auf -*t*. die noch als solche empfunden werden, wie *Fahrt* : *fahren. -kunft* : *kommen.* Sonst vermag selbst die engste begriffliche Beziehung der Ableitung zum Grundworte keine parallele Entwicklung beider herbeizuführen. *Zeuge* (obwohl zunächst von *Zeug* abgeleitet, mhd. *ziuc* auch = .Zeugnis') steht gewiß in engstem und deutlichstem Verhältnisse zu *zeugen.* zu dem es als Nom. ag. angesehen werden kann. Aber es wird als solches nicht empfunden und kann deshalb nicht an allen Bedeutungen von *zeugen* teilnehmen. wie es der Fall ist bei *Erzeuger* : *erzeugen.*

Im allgemeinen läßt sich also sagen, daß sich die Ableitungen an der Bedeutungsentwicklung des Grundwortes nur soweit beteiligen können, als ein lebendiges Bewußtsein ihrer Zusammengehörigkeit besteht. Wo dies nicht der Fall ist, wo also (durch Entfremdung der Form oder) durch eigenartige Bedeutungsentwicklung der Ableitung oder durch Verdunklung des Ableitungsverhältnisses eine Scheidung eingetreten ist, folgt die Ableitung dem Grundworte nicht mehr, und damit ist einer immer weitergehenden Isolierung der Boden bereitet. die Wege beider Teile können nun immer weiter auseinander führen.

So ist die Erhaltung des etymologischen Bewußtseins Grundbedingung für den **Parallelismus der Bedeutungsentwicklung**, seine Verblassung Grundlage weiterer Isolierung. Aber auch die **Parallelisierung der Form**, wie man die **Analogiebildung** wohl nennen darf, hat das etymologische Bewußtsein zur Voraussetzung, nicht als ob eine Analogiebildung die bewußte Umgestaltung einer lautlich abweichenden Form wäre, sondern aus folgenden Gründen. Wenn die Analogiebildung im stande ist, die ältere Bildung zu verdrängen. so setzt dies gleiche Bedeutung voraus, also muß auch die ältere, lautlich abweichende Form mit dem Grundworte begrifflich noch aufs engste verbunden gewesen sein. Ferner wird jede Analogiebildung ohne Rücksicht auf die entsprechende ältere Bildung unmittelbar vom Grundworte abgeleitet,* und dies ist nur möglich bei noch lebendigen Bildungsweisen. d. h. wiederum solchen, bei denen die Beziehung zwischen Grundwort und Ableitung möglichst eng ist. Je größer also die Bedeutungsübereinstimmung zwischen Grundwort und Ableitung und je lebendiger die Bildungsweise, kurz je reger das etymologische Bewußtsein, um so leichter die analogische Ausgleichung. Das Gefühl der Zusammengehörigkeit ist mithin notwendige Voraussetzung für die Beseitigung von Formverschiedenheiten. Eine begriffliche Scheidung dagegen, die nicht groß zu sein braucht, und vollends die Verdunklung der Bildungsweise (selbst bei enger Bedeutungsverwandtschaft) hindert die Ausgleichung, bewahrt also die Formverschiedenheit; und so ist die Scheidung zugleich eine begriffliche und eine lautliche.

Alle S. 4 ff. verzeichneten Beispiele für Analogiebildungen lassen den engsten Zusammenhang zwischen Grundwort und Ableitung erkennen. Wir finden, daß die Ausgleichung nahezu ausnahmslos eingetreten ist bei gewissen **immer lebendig gebliebenen** Ableitungsklassen, die ihrer Natur nach in besonders enger **Beziehung zu ihrem Grundworte** stehen; es sind die Verkleinerungsformen, die weiblichen Bildungen auf *-in.* und die stoffbezeichnenden Eigenschaftswörter. Standen im Ahd. neben einander *fogal* : *fugili, boc* : *bucchili. loc* .'Locke' : *lokili, bloch* : *bluchili,* im Mhd. *knoche* : *knüchel*, so zeigen heute *Vöglein Böcklein Knöchel* usw. den Vokal des Grundwortes. Ebenso finden wir die Ausgleichung in *Göttin Wölfin Bärin Dsebin* (früher *gutinna wülp(inn)e birin diupe),* und endlich in den Stoffbezeichnungen *dornen golden hölzern hörnern wollen gersten ledern* (früher *dürnen girsten* usw.). Freilich hat es auch hier oft längerer Zeit bedurft, ehe der Sieg der Neubildung entschieden war. Obwohl schon im Ahd. *holzin,* im Mhd. *hornin wollin* gebildet sind, finden sich *hülzen hürnen wüllen* noch

---

* Ich habe hier zunächst nur die ungleich zahlreicheren Fälle im Auge, in denen die analogische Ausgleichung die Ableitung trifft. Zwar kommt zuweilen auch das Umgekehrte vor, z. B. bei *scheu* (S. 5) In diesen Fällen haben wir aber eine Verschiebung der Gruppierung anzunehmen, von der später zu reden sein wird.

3

im 16. Jahrh. und darüber hinaus: *hülzen gefeß* (Luther). *der hürnen Seyfried* (Sachs) usw. Nur zwei lehrreiche Ausnahmen finden sich: *irden* : *Erde* und *Gulden* : *Gold*. In dem ersten Falle erscheint die Beziehung etwas gelockert, weil in der Bedeutungsentfaltung von *Erde* grade die Bezeichnung des bildsamen Stoffes zurückgetreten ist und in diesem Sinne lieber *Thon* gebraucht wird. *irden* entspricht *Erde* nicht in dem Maße wie etwa *ledern* : *Leder*; und darum ist hier die Ausgleichung nicht eingetreten, oder vielmehr nicht durchgedrungen. Denn von der frühesten Zeit an bis zu dem Anfange unseres Jahrhunderts können wir auch bei *irden* das Ausgleichungsstreben verfolgen; schon im Ahd. findet sich *erdin* neben *irdin*, Luther zieht *erden* vor, und noch bei Brentano u. a. läßt sich *erden* nachweisen. Aber auch dieser Kampf und sein Ausgang ist lehrreich, weil er uns zeigt, wie stark die Macht selbst einer geringen Lockerung verwandter Wörter dem Ausgleichungsstreben gegenüber sein kann. Um so begreiflicher ist es, daß eine viel stärkere Isolierung in *Gulden* die Lautverschiedenheit bewahrt hat. Das Eigenschaftswort *golden* als solches konnte sich der Ausgleichung nicht entziehen; aber zum Hauptworte erhoben (eigentl. mhd. *guldin pfennine*) und zur Bezeichnung einer bestimmten Werteinheit geworden, die jede Beziehung auf *Gold* aufgab (vgl. *Gold*- *Silber*- *Papiergulden*), hat es sich in der ursprünglichen Form *Gulden* erhalten.

Mehr Gelegenheit zur Lockerung des Verbandes ist bei anderen Ableitungsklassen gegeben, die der Bedeutungsveränderung einen größeren Spielraum gewähren, wie den weibl. Abstr. auf *-e*, den denomin. Ztw.. den Eigw. auf *-ig -isch* u. a.: zudem sind diese Wortklassen, besonders die beiden ersten, nicht mehr in demselben Umfange lebenskräftig wie die eben besprochenen. Demgemäß ist hier der Lautwechsel öfter erhalten. Die folgenden Zusammenstellungen werden zeigen, wie mit deutlicher begrifflicher Beziehung die Ausgleichung Hand in Hand geht, während bei nicht genauer Bedeutungsentsprechung der Lautwechsel erhalten ist. Man vergleiche *Ferne* : *fern*. *Höhle* : *hohl*. *Tiefe* : *tief* mit *Richte* : *recht*, *Fülle* : *voll*. *Seuche* : *siech*. (*ent*)*fernen* : *fern*. *kernen* : *Kern*. *vergolden* : *Gold* mit *richten* : *recht*. *flicken* : *Fleck*. *schielen* : *scheel*; *kernig* : *Kern* mit *richtig* : *recht*, *langwierig* : *währen*; *Gelbling* : *gelb* mit *Pfifferling* (= .Pfefferschwamm') : *Pfeffer*. Zwar wird bei manchen. vielleicht den meisten dieser Wörter. die lautliche Verschiedenheit ihrerseits das Auseinandergehen der Bedeutungsentwicklung begünstigt (S. 15) oder wenigstens, wie bei *Pfifferling*. das Gefühl der Zusammengehörigkeit verdunkelt haben. Aber wie dem auch sei: nachdem einmal die genaue Bedeutungsentsprechung aufgehört hat, ist eine Ausgleichung jedenfalls nicht mehr möglich. Daß früher der Zusammenhang inniger war, zeigen, wenn es dessen bedürfte, Ausgleichungsversuche wie ahd. *folli*. mhd. *pfefferline*. frühnhd. *langwerig* usw. Natürlich ist es auch nicht ausgeschlossen, daß nach vorgenommener Ausgleichung eine gesonderte Bedeutungsentwicklung eintreten kann. *fördern*. mhd. und frühnhd. *vürdern* .vorwärts bringen' kann seinen Vokal dem Stammworte *vorder* nur zu einer Zeit angeglichen haben, wo es noch als Ableitung dazu empfunden wurde; heute fehlt diese Voraussetzung der Ausgleichung.

Auch für nicht mehr lebendige Bildungen stehen einige Beispiele zur Verfügung. *Herde* (mhd. *herte*): *Hirt*, *Koch* : *Küche* (zwar Lehnwörter. aber den deutschen Lautverhältnissen angepaßt), *Fohlen* : *Füllen* (mhd. *vole* : *vülin*). *Thür* : *Thor* stehen sich gewiß in ihrer Bedeutung sehr nah, aber ihr verwandtschaftliches Verhältnis ist unklar, es fehlt an vorbildlichen Mustern. denen ausgleichende Analogiebildungen nachgeschaffen werden könnten. Auch (*Gelübde* : *geloben* gehört einer nicht mehr schöpferischen Bildungsgruppe an und hat sich wohl besonders deshalb der Ausgleichung entzogen.

Bei *Thür* : *Thor* ist zudem die Lautverschiedenheit durch das Unterscheidungsbedürfnis geschützt. Und überhaupt kommen außer dem etymologischen Verhältnisse noch andere Umstände für das Eintreten der Analogie in Betracht. Eine Analogiebildung hat das Gefühl des Zusammenhanges zur Voraussetzung; aber dies Gefühl zieht die Ausgleichung nicht notwendig nach sich, sie kann auch bei engem begrifflichem Zusammenhange und deutlichem Ableitungsverhältnisse unterbleiben. Insbesondere kann häufiger Gebrauch einer Wortgruppe und infolge dessen festere Einprägung ihrer verschiedenen Formen die Ausgleichung hindern, während seltnere Wörter ihr unterliegen. Nur so ist es wohl zu erklären, wenn z. B. in *Gestirn* : *Stern*, *irdisch* : *Erde*, *nachgiebig* : *nachgeben*, *Huld* (mhd. *hulde*) : *hold*, *zürnen* : *Zorn*, *füllen* : *voll*. *leuchten* : *Licht* u. a. trotz enger Beziehung bis auf den heutigen Tag die Formverschiedenheit bewahrt geblieben ist. Indessen fehlt es auch hier nicht an Ausgleichungsversuchen, vgl. frühnhd. *Gesterne erdisch zürnen*.

Besonders lehrreich sind die Fälle, in denen die Analogiebildung die ältere Bildung n u r t e i l w e i s e v e r d r ä n g t, nämlich nur soweit sie in engem Zusammenhange mit dem Grundworte steht, während für die ferner stehende Bedeutung die Formverschiedenheit bewahrt bleibt; vgl. *Gulden* : *golden* (S. 18). Auf diese Weise tritt eine Spaltung ein, die zugleich eine erwünschte lautliche Unterscheidung verschiedener Bedeutungen bietet. So hat sich neben dem isolierten *hübsch* : *Hof* für dessen ursprüngliche Bedeutung ‚hofmäßig' die Neubildung *höfisch* festgesetzt. *wittern* : *Wetter* hat sich in seiner eigenartigen Bedeutungsentwicklung ‚durch das Wetter = durch die Luft spüren' erhalten, dagegen in der sich an *Wetter* unmittelbar anlehnenden Bedeutung : *es wittert* = ‚es ist Wetter' ist *es wettert*, zurückgedrängt von : *es wettert*. Wir werden auf solche D o p p e l f o r m e n später noch zurückkommen.

Ich lasse noch einige Beispiele folgen, die zeigen, wie begrifflicher Zusammenhang die Analogie begünstigt, dagegen Isolierung sie hemmt. Es kommt für unsere Zwecke nicht darauf an, ob durch die Analogie ein Lautwandel wieder beseitigt wird, wie z. B. in den eben besprochenen Fällen, oder ob sich eine Neuerung auf dem Wege der Analogie ausbreitet. Auch in diesem Falle ist das Gefühl für die Zusammengehörigkeit von Bedeutung: in dem mangelnden Bewußtsein der Verwandtschaft findet die Lautwandlung eine Schranke. Die Vorsilben, die in Nominal- und Verbalzusammensetzungen verschiedene Gestalt hatten (S. 5 f.), haben die volle Form nur in solchen Hauptwörtern bewahrt, die sich infolge eigenartiger Bedeutungsentwicklung von dem Ztw. abgesondert hatten, z. B. *Urheber* von mhd. *urhap* (erheben), *Urkunde* (erkennen), *Urlaub* (erlauben), *Ursprung* (erspringen), *Urteil* (erteilen). *Hebel* (mhd. *hevel*) hat sich an *heben* angeschlossen, aber nicht *Hefe* (= ‚die Hebende'), ebenso *Hub*, aber nicht *Behuf* (= ‚Förderung', zu mhd. *beheben* ‚erlangen'); ferner *Unterschied* (ahd. *untarsceit*) an *scheiden*, aber nicht *Scheitel* (= ‚Haarscheide'). Auch eine Doppelformigkeit, wie sie in *Knoten* (mhd. *knote*) : *Knödel* (von mhd. *knode*) vorliegt, wäre gewiß bei genauer Bedeutungsentsprechung ausgeglichen. *Jäul* : *jagen* ist wieder verdrängt von *Jagd*, aber *Getreide* (mhd. *getregede* ‚Ertrag') : *tragen* ist geblieben. *mehlig* (früher *melbig*) ist *Mehl* angeglichen (S. 6), aber nicht *Milbe* (mhd. *milwe* = ‚zu Mehl zerfressende Tier'); derselbe Lautwechsel ist erhalten in *gar* : *gerben* (mhd. *gar* abgew. *garwe* : *gerwen* ‚gar machen'). Vgl. auch die verschiedene Behandlung von *Möhre* (mhd. *morhe möhre*) und *Morchel* (mhd. *morhel*).

Die Erweichung eines *t* nach *n* zu *d* (binden, abd. *bintan* usw.) findet nicht gern vor folg. *-er* statt: *unter* abd. *untar*, *hinter* abd. *hintar*. Während sich nun *unten hinten* (mhd. *unden hinden*) jenen Präpositionen, mit denen sie begrifflich aufs engste verbunden sind, angeschlossen haben, ist anderseits in *hindern* (ahd. *hintarôn*), obwohl es Ableitung von *hinter* ist, die Erweichung des *t* eingetreten. Diese verschiedene Behandlung von *hinter* und *hindern* wäre kaum denkbar, wenn ihre Zusammengehörigkeit noch gefühlt wäre. Die weniger verbreitete Neigung, *t* nach *l* in *d* zu erweichen, die z. B. in der Sippe von *dulden geduldig* (mhd. *dulten gedultec*) durchgeführt ist, hat *gelten* verschont, aber das davon isolierte *Geld* (Gen. *Geldes* mhd. *geltes*) ergriffen. — Bei Stämmen, die auf eine Media auslauten, diese aber im Auslaute gesetzmäßig in die Tenuis verwandeln, ist zuweilen die auslautende Tenuis auf dem Wege der Analogie auch in den Inlaut gedrungen, wenn die Formen mit Tenuis (d. h. die endungslosen Kasus der Einzahl) an Häufigkeit überwogen. Das mhd. *marc* Gen. *marges* (‚medulla') hat das *k* durchgeführt, auch in Ableitungen wie *markig*. Dagegen in den zugehörigen, aber verdunkelten Ableitungen *ab- ausmergeln* ist *g* erhalten. Ebenso verhält es sich mit *wert* (mhd. abgew. *werder*), dagegen *Würde* (mhd. *wirde*), und ähnlich mit *manch* (älter

3*

maneck maneger), dagegen *Menge* (älter *Menige*). Wenn ferner *gescheit* mhd. *geschide* das *t* durchgeführt hat, so ist dies wiederum nur möglich gewesen, weil in ihm der Zusammenhang mit seinem Stammworte *scheiden* nicht mehr empfunden wurde. Ähnlich hat die landschaftl. Aussprache *erboßen* mit stimmlosem *s* (offenbar nach *erbost*) eine Absonderung von *böse* zur Voraussetzung.

Andere lehrreiche Beispiele liefern uns die Verhältnisse der **Vokalqualität** und besonders - **quantität**. Das ältere, geschlossene Umlaut -*e* ist in den Wörtern, die in deutlicher Beziehung zu solchen mit *a* stehen, durch das jüngere, offene *ä* ersetzt, das dem reinen Vokale *a* im Klange näher liegt (vgl. Wilmanns Deutsch. Gr. I. § 197 ff.), z. B. *Jäger* (mhd. *jeger*) : *jagen* usw. (vgl. die entsprechende Schreibung S. 13 f.). Dagegen in *edel*, dessen Ableitungsverhältnis zu *Adel* verdunkelt ist (ahd. *adal* : *edili*), hat sich der geschlossene Laut erhalten. Vgl. auch das Auseinandergehen von *stet stetig* : *bestätigen*. — Die frühnhd. Vokaldehnung, die lautgesetzlich nur in offenen Silben eintrat, hat bei engem Zusammenhange auch in die geschlossenen Silben abgeleiteter und zusammengesetzter Wörter Eingang gefunden. So haben sich an *pflegen lesen geben beten* usw. mit berechtigter Dehnung *Pflegling leslar vergeblich Betstuhl* usw. angeschlossen, nicht ohne mannigfache Abweichungen und Schwankungen (z. B. *Labsal Begräbnis Fähnrich löblich* mit kurzem und langem Stammvokale). Während nun die deutlichen Ableitungen *Fährt Gefährt Gefährte* dem Stammworte *fahren* gefolgt sind, während sich *hoffärtig* an der Vokaldehnung von *Hoffart* beteiligt hat, ist die ursprüngliche Kürze in dem isolierten *fertig* erhalten geblieben, *namhaft benamsen redselig* haben den langen Vokal von *Name Rede*, aber *nämlich redlich* werden auch mit kurzem Vokale gesprochen. Auch eine verschiedenartige Entwicklung wie in *Vater Väter väterlich* : *Gevatter Vetter* (mhd. *vater veter veterlich* : *gevater veter*), *Städte städtisch* (landschaftl. weit verbreitete Aussprache *ä*) : *Stätte* (mhd. *stete stetisch* : *stete*) ist nur zu verstehen unter dem Gesichtspunkte der begrifflichen Sonderung, wobei zum Teil (bei *Vetter* : *Väter*, *Stätte* : *Städte*) das Bedürfnis der Unterscheidung mitgewirkt haben mag. — Zuweilen findet sich vor *r* und Konson. (z. B. *ch*) eine Kürzung des Vokales : *Lerche* aus mhd. *lër(c)che*. *Dirne* aus *dierne*. Wenn nun diese Kürzung zwar in *horchen* (mhd. *hörchen*) : *hören* eingetreten ist, aber nicht in *Öhrchen Pärchen* usw., so hat diese verschiedene Behandlung wiederum zur Voraussetzung den verschiedenen Grad des begrifflichen Zusammenhanges, der bei den Verkleinerungsformen besonders eng ist (S. 17). Ebenso ist zu erklären die verbreitete Aussprache *währlich* gegenüber *schwerlich ehrlich* usw.: *wahrlich* wird in seiner abgeschwächten Bedeutung als Beteuerungspartikel nicht mehr als Ableitung von *wahr* empfunden. Solche Vokalkürzungen bei getrübter oder verdunkelter Beziehung wie auch andere lautliche Veränderungen werden uns später in manchen Zusammensetzungen begegnen; auch *wahrlich* ist ja ursprünglich eine solche.

Zu dem Lautkörper des Wortes gehört auch seine **Betonung**. In manchen Fällen können wir beobachten, daß die Ableitung den Ton verschiebt. Die Ursachen dieser Verschiebung beschäftigen uns ebenso wenig wie die Gründe der eben besprochenen Lautveränderungen. Es kommt hier darauf an, daß auch solche Tonverschiebungen eine mehr oder minder starke begriffliche Absonderung zur Voraussetzung haben. Eine lebendig gefühlte Ableitung hat dieselbe Betonung wie das Grundwort: wie *ausführen*, so heißt es *ausführbar*. Die abweichende Betonung in *ausführlich* ist nur zu erklären auf der Grundlage seiner besonderen Bedeutungsentwicklung. Man vergleiche ferner *ausdrucksvoll* : *ausdrücklich*, *abzüglich* : *vorzüglich*, *eigentümlich* (,als Eigentum') : *eigentümlich* im abgeschwächten Sinne, *wahrhaftig* in voller Bedeutung : *wahrhaftig* als Beteuerungsadverb (mit Vokalkürzung infolge der Tonentziehung). Ebenso ist zu beurteilen die Tonverschiebung in *absönderlich überschwänglich hauptsächlich ursprünglich augenscheinlich augenblicklich* u. a.; in *vortrefflich* wird· sie durch das Aussterben des Grundwortes *vortreffen* begünstigt. Auch die regelwidrige Betonung mancher verdunkelten Ableitungen wie *Forelle Hornisse Holunder* (mundartl. ,noch *Forelle Hürnse Holder*) ruht auf dem Grunde der Isolierung; vgl. auch *Obrist* neben *Oberst*. — Ähnlich hat auch die gegen die Regel erfolgende Betonung des Grundwortes in manchen Zusammensetzungen eine innige begriffliche

Verschmelzung der Bestandteile zur Voraussetzung, vgl. *außerordentlich* im eigentlichen mit *außerordentlich* im steigernden Sinne, *Bürgermädchen* mit *Bürgermeister;* so besonders viele Ortsnamen, vgl. den Gattungsnamen *Ostende* mit dem Ortsnamen *Ostende.* Nicht mehr klar in ihrer Grundbedeutung sind *notwendig* (neben *nötig.*) und *willkommen,* teilweise oder ganz verdunkelt *barmherzig* und *Schlaraffe:* ebenso setzt die häufige Betonung *Absud* mangelndes etymologisches Verständnis voraus. Auch ein Partiz. kann, bei selbständiger adjektivischer Bedeutungsentwicklung, eine Tonverschiebung erleiden, so *ausgezeichnet* gegenüber dem reinen Part.: *er ist ausgezeichnet worden;* vgl. auch die ganz verdunkelten *Durchlaucht Erlaucht* neben *durchleuchtet erleichtet.* Endlich kann selbst der adverbial gebrauchte Kasus eines Hauptwortes seine gesonderte Stellung durch die Betonung verraten; vgl. *augenblicks* mit dem wirklichen Gen. *des Augenblicks.* Das lebendige Gefühl für die Zusammensetzung erhält die alte Betonung, die begriffliche Verschmelzung ebnet der neuen den Boden.

Betrachten wir die zuletzt angeführten Beispiele noch einmal nach der Art der Isolierung, so fallen uns besonders einige Fälle starker Verblassung oder Verallgemeinerung der ursprünglichen Bedeutung auf, so die schlechthin steigernde oder hervorhebende Bedeutung von *vorzüglich vortrefflich hauptsächlich außerordentlich* u. a., die Verwendung von *wahrlich wahrhaftig* zur Beteuerung. Diese Wahrnehmung führt uns zu einer allgemeineren Beobachtung über die **Stoffgebiete,** die lautliche Veränderungen besonders begünstigen. Wir werden sie am meisten bei solchen Wörtern erwarten dürfen, in denen sich der begriffliche Inhalt am meisten verflüchtigt hat. Dies ist insbesondere einmal der Fall bei einer Gruppe von Ausdrücken, die man als **interjektionsartige** oder als **uneigentliche Interjektionen** bezeichnen kann. Es ist begreiflich, daß in **Beteuerungsformeln, Verwünschungen** und **Ausrufen,** die lediglich einer starken Versicherung oder dem Ausdrucke einer Gemütsbewegung dienen, auch in den **Grußformeln** des täglichen Verkehrs der eigentliche Bedeutungsinhalt vor dem Gefühlsinhalte zurücktritt, und um so mehr, je häufiger sie gebraucht werden. Der Gefühlsinhalt aber ist nicht mehr von bestimmten Einzelvorstellungen abhängig. Durch diesen »gedankenlosen« Gebrauch wird also das Feld frei für allerlei lautliche Schwächungen, Verstümmelungen und Entstellungen, die bei lebendigem etymologischen Bewußtsein nicht denkbar sind. Zunächst freilich schlummert das volle Lautbild, auch wenn es undeutlich erzeugt wird, noch in der Vorstellung des Redenden, und solange daneben die ursprüngliche Form noch lebendig ist, wird der etymologische Zusammenhang nicht aufgehoben, so in den Grußformeln 'n *Abend (guten Abend),* 's *Gott (grüß Gott)* u. a. Aber je mehr die Erstarrung zu einer festen Formel zunimmt und die volle Form im Gebrauche zurücktritt, je mehr also das Bewußtsein für den Ursprung schwindet, um so mehr setzen sich die lautlichen Schwächungen fest, die dann eine weitere Verwitterung nach sich ziehen können. Hierher gehören Ausrufe wie *herrje(s),* auch *harrjes (Herr Jesus),* o *je* (o *Jesus),* das ausrufähnliche österr. *sixtes* (*siehst es),* Begrüßungsformeln wie bair. *pfüa Gott (b'hüet Gott)* und wiener. *tschau (da schau),* ferner der mhd. klagende Ausruf *ach wene (wénic = ,unglücklich')*. engl. *zounds (by God's wounds),* franz. *cré (sacré)* in Beteuerungen und Flüchen, *cristi* und *sapristi (sacristi),* lat. *mehercle, edepol* u. a. Freilich kommt hier noch ein anderes Moment in Betracht, nämlich die Scheu, in Schwüren und Verfluchungen den geheiligten Namen des Göttlichen oder den gefürchteten des Teufels unverhüllt auszusprechen. Dies Streben führt nicht bloß zur Verwendung harmloser Ersatzwörter, sondern auch zu manchen sinnlosen Entstellungen, z. B. *potz Wetter* usw. *(Gottes),* engl. *cod (by god),* mundartl. *egitt(e)* (o *Gott),* ebenso engl. *egad,* franz. *mordié* und *mordienne (mordieu, mort de dieu): Teixel Deuker* usw. *(Teufel),* engl. *dickens (devil),* franz. *diantre (diable),* ital. *diacine (diavolo)* usw. Wie weit absichtliche Verdunkelung oder unbewußte Entstellung infolge der Verblassung des etymologischen Bewußtseins an der Schöpfung solcher Mißformen beteiligt sind, ist im einzelnen nicht immer mit Sicherheit zu entscheiden. Daß endlich auch Umdeutungen, d. h. Verschiebungen des etymologischen Bewußtseins dabei in Frage kommen, werden wir später sehen.

Eine ähnliche Verflüchtigung des begrifflichen Inhaltes nehmen wir sodann bei den Eigennamen wahr. Die Eigennamen sind ihrem ursprünglichen Wesen nach Gattungsnamen mit vollem Bedeutungsinhalte; je mehr sie aber zu festen Benennungen einer einzelnen Person oder Örtlichkeit werden, je mehr sich in ihnen das Wesen eines Namens, d. h. einer Wortmarke zur Bezeichnung eines Einzelwesens und zu seiner Unterscheidung von anderen Einzelwesen ausprägt, um so mehr tritt der ursprüngliche Bedeutungsgehalt zurück, der Zusammenhang mit dem Stammworte oder den Stammwörtern (denn meist handelt es sich um Zusammensetzungen) wird mehr und mehr gelockert, und lautliche Veränderungen, Vereinfachungen und Verwitterungen können sich festsetzen, ohne durch die Beziehung auf das Stammwort wieder beseitigt zu werden. Diese Andeutungen mögen hier genügen; wir werden auf die Eigennamen später in einem besonderen Abschnitte zurückkommen. —

So ist in mehrfacher Beziehung das etymologische Bewußtsein von Einfluß auf die Lautgestalt der Wörter. Überall handelt es sich hier um lautliche Veränderungen, deren Bewahrung oder Festwerden bei engem etymologischem Zusammenhange nicht denkbar wäre. Ich bemerke aber nochmals ausdrücklich, daß die begriffliche Isolierung die Lautveränderungen nicht verursacht, sondern nur überlieferte Lautverschiedenheiten schützt und neu eintretende begünstigt. Und auch das sei noch einmal gesagt, daß alle diese formalen Abweichungen zu weiterer Isolierung beitragen und die begriffliche Scheidung in der Lockerung des verwandtschaftlichen Bandes wirksam unterstützen.

V. Weitere Folgen der Isolierung; das etymologische Bedürfnis.

Wir haben gesehen, daß den Lautverschiedenheiten verwandter Wörter die analogische Ausgleichung erfolgreich entgegenarbeitet. Was aller Analogiebildung zu Grunde liegt, ist das (unbewußte) Streben, dem begrifflich Gleichen auch den lautlich gleichen Ausdruck zu geben, ein Streben, das seinerseits auf dem Prinzipe des geringsten Kraftaufwandes beruht. Denn die Beseitigung unzweckmäßiger Formverschiedenheiten ist eine Entlastung des Gedächtnisses und eine Erleichterung der geistigen Arbeit beim Sprechen. Die Macht der Analogie reicht jedoch nur soweit, als der etymologische Zusammenhang noch gefühlt wird; eine Trübung dieses Zusammenhanges hindert die Ausgleichung. Aber jenes Streben macht hier nicht Halt, sondern sucht auch isolierten Wörtern, die ohne deutliche etymologische Beziehung sind, ihre Sprödigkeit zu nehmen. Man kann in dieser Hinsicht von der Befriedigung eines etymologischen Bedürfnisses sprechen, das natürlich nicht als solches empfunden wird, sondern sich unbewußt geltend macht. Der Sprechende operiert leichter mit Wörtern, denen geläufige Stämme zu Grunde liegen, als mit solchen, denen eine Anknüpfung an den sonstigen Wortschatz fehlt. Denn jene schließen sich mit anderen Wörtern zu Gruppen zusammen, in denen sie eine kräftige Stütze für die gedächtnismäßige Bewahrung und Wiedererzeugung finden. Je mehr aber ein überliefertes Wort im Sprachbewußtsein isoliert ist, d. h. etymologischer Beziehungen entbehrt, um so mehr wird seine Wiedererzeugung erschwert, um so leichter also kann es einer Neubildung zum Opfer fallen. Jene Anknüpfung kann doppelter Art sein: ein Wort kann als Ableitung, d. h. als untergeordnetes Glied einer geläufigen Wortsippe erscheinen oder aber, auch wenn jede Beziehung nach oben hin fehlt, das Stammwort einer von ihm durch Ableitung und Zusammensetzung gebildeten Sippe sein. Auch diese Anknüpfung nach unten hin wirkt in gleicher Weise schützend. Aber noch ein anderer Faktor ist hier, ähnlich wie bei dem Eintreten der Analogiebildungen, von Bedeutung: die Häufigkeit des Gebrauches. Je seltner ein Wort verwandt wird, je weniger fest es also im Gedächtnisse haftet, um so leichter kann es durch eine andere Bildung verdrängt werden. — Nun sind aber außer der Ersetzung durch eine Neubildung noch zwei andere Möglichkeiten denkbar, wie das etymologische Bedürfnis isolierten, durch verwandte nicht gestützten Wörtern gegenüber verfährt. Es kann sie auch beibehalten und entweder durch einen verdeutlichenden Zusatz dem Sprachbewußtsein näher bringen oder (mit oder ohne lautliche Umgestaltung) zu anderen geläufigen Wörtern in eine sekundäre Beziehung setzen. Danach haben wir drei Gruppen von Erscheinungen zu besprechen, denen die Befriedigung des etymologischen Bedürfnisses gemeinsam ist.

1. **Verdeutlichung durch Zusammensetzungen.** Am vollständigsten und deshalb am zweckmäßigsten wird der etymologisch verdunkelte Begriff eines Wortes, sofern es selbst beibehalten wird, aufgefrischt und erläutert, wenn es mit einem anderen, geläufigeren Worte von völlig oder nahezu **gleichem begrifflichen Inhalte** zusammengesetzt wird. Das ahd. *stâla* (Verbalsubst. zu *stelan* ‚stehlen‘) schwand im Mhd. aus dem lebendigen Sprachbewußtsein, so daß es allein zur Bezeichnung des Begriffes ‚Stehlung‘ nicht mehr ausreichte. Deshalb wurde ihm das gleichbedeutende, damals noch lebendige *diube* (S. 5) zur Stärkung des Begriffes vorgesetzt: *diupstâle* (dann auch *diepstâle*, nhd. *Diebstahl* mit Anlehnung an *Dieb*). Ähnlich verhält es sich mit *Feuersbrunst*, *Bleilot* (*Lot* urspr. = ‚Blei‘), mundartl. *Spinnekanker* u. a. Überall dient das ohne weiteres verständliche Bestimmungswort dazu, den wankenden etymologischen Boden das Grundwortes zu befestigen. — Wie in diesen Fällen das Bestimmungswort, so kann auch das **Grundwort** die Aufgabe erfüllen, den verdunkelten Begriff durch Hinzufügung des gleichen Bedeutungsgehaltes zu beleben, so in *Lindwurm*, mhd. *lin(t)trache* (ahd. *lind* ‚Schlange‘), *Salweide* (mhd. *salhe* ‚Weide‘), *Schwegelpfeife* (ahd. *swegala* ‚Pfeife‘). *Speichernagel* (mhd. *spicher* ‚Nagel‘), *Haderlumpen*, *Bortbrett*, *windschief* (*wind* = ‚gekrümmt‘, noch in der Formel *wind und weh*), as. *ahastrôm* (aha ‚Fluß‘), *ôdwelo* (*ôd* u. *welo* beide = ‚Besitz‘) usw., vgl. auch Ortsbezeichnungen wie *Kernmühle* (im bair. Walde) (ahd. *quirn* ‚Mühle‘) und dergleichen.

Dem etymologischen Bedürfnisse wird aber auch schon damit gedient, daß ein **Teil des begrifflichen Inhaltes** zur Verdeutlichung wiederholt wird. Entsprechend dem Wesen der Begriffe sind hier zwei Fälle möglich. Entweder wird die besondere, **artbildende** Vorstellung (differentia specifica) noch einmal gesetzt. Dies ist der Fall z. B. in *Traghahre Rammbär Eidotter Salzsole Rehricke*; denn *Bahre* (zu ahd. *beran* ‚tragen‘) = ‚Traggerät‘. *Bär* (zu mhd. *bern* ‚schlagen‘) = ‚Rammklotz‘. *Dotter* = ‚Eigelb‘. *Sole* = ‚Salzwasser‘, *Ricke* = ‚Rehweibchen‘. Gemäß dem Verhältnisse, das zwischen Bestimmungs- und Grundwort besteht, kann hier der verdeutlichende Begriff nur als **Bestimmungswort** erscheinen.

Oder aber es wird die allgemeine, **gattungbildende** Vorstellung (genus) wiederholt. Das Wesen des zu erläuternden Begriffes wird angedeutet, indem zu dem Artbegriffe der Gattungsbegriff hinzugefügt wird, wenn man also z. B. für *Sole* nicht *Salzsole*, sondern *Solwasser* sagt. Hier muß der verdeutlichende Begriff als **Grundwort** erscheinen. Dieser Fall ist weit häufiger als die beiden ersten. Denn nur selten bietet sich ein gleichbedeutendes Wort zur erwünschten Erläuterung dar, selten auch kann der artbildende Unterschied in einem Worte knapp ausgedrückt werden; ein Gattungsbegriff dagegen liegt viel öfter bereit. Wohl am leichtesten läßt sich eine solche Unterordnung bei **Tier- und Pflanzennamen** vornehmen. Hier sind deshalb solche verdeutlichenden Zusammensetzungen am häufigsten, sei es, daß sie mit den allgemeineren Bezeichnungen *Vogel Kraut* u. ä. oder mit enger gewählten Gattungsbegriffen wie *Hund Rübe* usw. gebildet sind, wobei natürlich keine wissenschaftlichen Ansprüche gestellt werden dürfen. Beispiele: *Auerochs* (mhd. *ûr*), *Rammbock* (mhd. *ram* ‚Schafbock‘), *Schellhengst* (mhd. *schel*), *Windhund*, mhd. *wintbracke* (neben dem einfachen *wint*), *Schermaus* (mhd. *scher*), *Walfisch*, mhd. *ebersein*, mundartl. *Antvogel* (Ente), mhd. *tragvogel*, ndl. *trapgans* (*Trappe*), *Schmeißfliege* (md. *Schmese*), *Bißfliege* -*wurm* (md. *bisse*), engl. *hum-blebee* (= ‚Hummelbiene‘): *Farnkraut*, *Emmerkorn* -*weizen* (ahd. *amar* ‚Dinkel‘), *Brombeere* (mhd. *brâme*), *Weichselkirsche*, *Schlehpflaume*, *Mohrrübe* (neben *Möhre*), engl. *mapletree* (= ‚Ahornbaum‘) u. a. m. Aber auch in anderen Begriffsklassen finden wir denselben Vorgang, vgl. *Ahnherr*, *Witfrau*, *Kebsweib* (neben *Kebse*), *Enkelkind*, *Wichtelmännchen* (mhd. *wihtelin*), *Sennhirt*; *Kieselstein*, *Mastbaum*, *Floßfeder*, ahd. *ancsmero* (alem. noch heute *Anke* ‚Butter‘), *Wahlstatt*

24

(mhd. *wal* .Kampfplatz'). *Femgericht, Reigentanz, Sodbrennen* (älter nhd. *Sod*) usw. Hieran reihen sich auch Ausdrücke wie mundartl. *hint(e) Nacht* (*hint heint* aus ahd. *hia naht* ,diese Nacht'), franz. *aujourd'hui* (*hui* = lat. *hodie*) u. ä.

Zuweilen häufen sich solche Vorgänge in einem Worte. Was wir *Schienbein* nennen, hieß im Ahd. schlechthin *scina*, und da weiterhin *Bein* in seiner Grundbedeutung .Knochen' nicht mehr recht gefühlt wird, kann man sagen *Schienbeinknochen*. Hier vereinigen sich also eine Verdeutlichung durch den Gattungsbegriff und eine durch ein gleichbedeutendes Wort.

Ich brauche kaum hervorzuheben, daß solche mehr oder minder »tautologischen« Zusammensetzungen nicht notwendig einzutreten brauchen, ebenso wenig, daß an ihrer Bildung auch andere Faktoren beteiligt sind, wie das Streben nach Fülle und Kraft des Ausdruckes (*Felsgestein Jägersmann*), das Bedürfnis Gleichlautendes zu unterscheiden (*Brotlaib Waisenkind*) u. a. Und vielleicht wird man in einzelnen der angeführten Beispiele die Mitwirkung oder auch alleinige Wirkung eines dieser Faktoren zu erblicken geneigt sein. Im allgemeinen aber wird, wie ich glaube, bei jenen Wörtern das Bedürfnis maßgebend gewesen sein, das isolierte und etymologisch nicht mehr durchsichtige Wort durch Verbindung mit einem verdeutlichenden Begriffe zu beleben. Besonders lehrreich sind die Fälle, in denen ein etymologisch zugehöriges Wort dazu verwandt wird (*Bortbrett Salzsole Rehricke*). Denn hier erkennt man besonders deutlich die Stärke der Isolierung und das Bedürfnis der Verdeutlichung.

2. Verdrängung durch Neubildungen. Wir haben gesehen, wie Wörter, die für das etymologische Bewußtsein mehr oder weniger tot sind, durch die Vereinigung mit einem geläufigen Worte neu belebt werden können. Noch wirksamer ist es, wenn das fragliche Wort ganz verdrängt und durch eine Neubildung, sei es eine Ableitung oder eine Zusammensetzung aus bereit liegenden häufigen Wörtern, ersetzt wird. So ist für *Bahre* nicht nur *Tragbahre*, sondern auch *Trage* gebildet, neben *Rammbär* : *Rammklotz*, neben *Eidotter* : *Eigelb*, neben *Salzsole* und *Solwasser* : *Salzwasser*, neben *Rehricke* : *Rehgeiß Rehkuh*. Den verdeutlichenden Zusammensetzungen *Schellhengst, Rammbock, Enkelkind, Wahlstatt* treten zur Seite die ersetzenden Neubildungen *Zucht* - *Sprunghengst*, *Schafbock*, *Großkind Kindskind* u. ä., *Schlachtfeld*. So ist ferner das mhd. *gleime* durch *Glühwurm* ersetzt, *Antlitz* von *Gesicht, Mitgift* von *Aussteuer* wenigstens stark zurückgedrängt, für *Lenz* sind *Frühjahr Frühling* die üblichen Bezeichnungen geworden, wie auch *Spätjahr* (schwäb. *Spätling*) für *Herbst* gesagt wird. Wie sehr solche Neubildungen das etymologische Bedürfnis befriedigen, leuchtet ein. An Stelle gedächtnismäßig überlieferter, an sich unverstandener Begriffsmarken treten etymologisch durchsichtige und infolge dessen anschaulichere Bezeichnungen, die an geläufige Wortstämme anknüpfen und an ihnen einen festen Halt haben. *Bahre* konnte nicht mehr deutlich empfunden werden als ,Gerät zum Tragen', seitdem das abd. *beran* .tragen' nicht mehr gebraucht wurde, es hat sich nur in einem bestimmten, eingeschränkten Sinne erhalten; *Trage* dagegen findet eine unmittelbare Anknüpfung an *tragen*. *Eigelb* trägt seine Bedeutung in sich selbst, während *Dotter* an sich dem etymologischen Bewußtsein keine Stütze bietet; und wie klar stellt sich *Eigelb* neben *Eiweiß*! Wie eng schließt sich ferner *Flügel* (für das ältere *Fittich*) an *Flug fliegen*, berühmt (mhd. *maere*) an *Ruhm*, erzen (für ehern) an *Erz*! Bildungen wie *Vor- Jetztzeit* (für *Vergangenheit* und *Gegenwart*) geben sich deutlich als Unterbegriffe des allgemeinen Zeit zu erkennen. Und nicht nur Hauptwörter werden so ersetzt. Die verdunkelten Zusammensetzungen *heuer heint* sind wenigstens in großen Teilen des Sprachgebietes gewichen vor den deutlichen Ausdrücken: *dies Jahr, diese Nacht;* nur das besonders häufige *heute* hat sich überall gehalten. *niemand jemand* werden in der Umgangssprache ersetzt durch *keiner, einer wer. der zweite* hat seit dem 17. Jahrh. das alte *der andere* gerade so verdrängt, wie sich im Franz. *deuxième* neben *second* gestellt hat; und ebenso erklärt sich das neuere *Zweitel* (-*note, -kiste*) für *halb*. -- Lehrreich sind auch hier solche Fälle, in denen isolierte Wörter von durchsichtigen Neubildungen aus demselben Stamme abgelöst werden, wie mhd. (*mage-*)*zoge* von (*Er-*)*zieher*, *Ferge* von *Führmann, Leilach* von *leinenes Laken* usw. (vgl. S. 7).

Besonders wirksam erweisen sich solche Neubildungen, wenn sie eine Mehrheit von isolierten Wörtern verdrängen. So sind an die Stelle von mhd. *mâc* und *sippe* : *Verwandter* und *Verwandtschaft* getreten, stellenweise haben *Eidam* und *Enkel* (zum Teil) dem *Tochtermanne* und dem *Tochtersohne* Platz gemacht. Ein Musterbeispiel liefert uns die Verdrängung von *Schwäher Eidam Schnur* durch *Schwiegervater -sohn -tochter*. Wo früher (noch bei Luther) die vier Wurzelwörter *Schwäher Schwieger Eidam Schnur* ohne sprachlichen Zusammenhang neben einander standen, da haben wir heute die schönste etymologische Eintracht in den Bezeichnungen *Schwiegervater -mutter -sohn -tochter*. Und wie schön paßt weiter zu der *Schwieger*-sippe die *Groß*-sippe, wie sie bes. in Norddeutschland als *Großvater -mutter -sohn -tochter* die alten *Ahn Ahne Enkel Enkelin* verdrängt hat! Alles ist auf die Grundbegriffe *Vater* usw. zurückgeführt und durch kennzeichnende Vorsilben deutlich unterschieden. Man sieht: es ist ein wohlgegliedertes System von Benennungen, unzweifelhaft schematisch nüchtern gegenüber der ursprünglichen lebendigen Buntheit, aber ebenso sicher zweckmäßig, weil seine Glieder aus geläufigem Sprachgute geschaffen und ganz gleichartig gebildet sind, mithin ihre Bedeutung klar erkennen lassen. Wie weit das Streben nach gleichartigen Bezeichnungen führen kann, sehen wir an den widersinnigen Bildungen *Großsohn -tochter -kind*, wo wir dem *Großvater* entsprechend vernünftigerweise *Kleinsohn* usw. erwarten, wie es z. B. das franz. *petit-fils* ausdrückt. Man vergleiche überhaupt hierzu das Französische, wo die schematisierenden Ausdrücke noch mehr durchgedrungen sind (auch *beau-frère belle-soeur;* daneben von den alten Formen nur noch *gendre aïeul*), und das Englische, wo sie in allen Fällen die unbestrittene Alleinherrschaft erlangt haben.

Zuweilen gehen die Mundarten in solchen Neuschöpfungen verschiedene Wege; so heißt es für *Schwiegersohn* in Südwestdeutschland *Tochtermann*, für *Schwiegertochter* im Schwab. *Söhnin Söhnerin:* für *Großvater -mutter* sagt der Westfale *bestefaer bestemoer,* der Franke *hěrle frěle* (,Herrlein Fräulein') usw. Nur selten geht die Mundart über die Schriftsprache hinaus, so wenn es im Od. für *Braut Bräutigam : Hochzeiter Hochzeiterin* heißt. Weit häufiger beteiligen sich die M u n d a r t e n überhaupt nicht hieran, sondern b e w a h r e n d i e a l t e n, i s o l i e r t e n W u r z e l w ö r t e r, während die S c h r i f t s p r a c h e, soweit sie derselben Begriffe bedarf, deutliche Neubildungen an ihre Stelle setzt; denn in der Schriftsprache ist das e t y m o l o g i s c h e B e d ü r f n i s noch g e s t e i g e r t, nicht nur durch den Umfang des zu bewältigenden Stoffgebietes, sondern auch durch das Streben, möglichst weiten Kreisen verständlich zu werden (S. 11 f.). So leben manche von den erwähnten Wörtern, z. B. *Schwäher* usw., in vielen Mundarten noch fort. Den mundartl. Bezeichnungen *Leite* und *Telle* (*Delle*) entsprechen in der Schriftsprache *Abhang* und *Vertiefung*. Was der Niederdeutsche mit *Hunkel Hunkepost Mengel* usw. bezeichnet, der Oberdeutsche mit *Griebs Gröbs,* der Hesse mit *Grotzen*, der Schwabe mit *Butzen*, der Schweizer mit *Böki* usw., das nennt die Schriftsprache *Kernhaus* oder *Kerngehäuse*. Die alten und noch mundartl. Ausdrücke *Biller* und *Geichel* sind durch *Zahnfleisch* ersetzt, *Wadel* durch *Vollmond*, *Deisem* durch *Sauerteig*, *Wefel* durch *Einschlag* usw.

Besonders häufig können wir beobachten, wie die Schriftsprache es liebt, die Angehörigen derselben Tierart in gleichartiger Weise zu bezeichnen, während die Mundarten unverwandte oder unerkennbar verwandte Ausdrücke besitzen zur Bezeichnung der verschiedenen Geschlechter, Lebensalter usw. Nur verhältnismäßig wenige davon hat die Schriftsprache angenommen, bei besonders wichtigen und vielgenannten Tieren, z. B. *Hengst Stute Füllen, Stier Kuh Kalb.* Während aber im Nd. neben *Ente : Erpel*, im Elsäss. neben *Taube : Kütter* steht, hat die Schriftsprache dafür die auch etymologisch zusammengehörigen Paare *Ente : Enterich, Taube :* *Tauber*. Für *Hündin* bieten die Mundarten eine Fülle alter Wurzelwörter, z. B. *Zaupe Petze Zohe*, nd. *Tache Tiffe* usw., dgl. für *Mutterschwein* z. B. alem. *Loose Kosel*, schles. *Ranze*, oberhess. *Mock* usw. Man vergleiche außerdem *Ziegenlamm* mit *Zicke*, *Kätzchen* mit *Kitze*, ferner *Mutterlamm Mutterschaf Schafbock* mit *Kilber Aue Widder* (und *Ramm*), woran sich noch *Schafstall* schließen mag = schweiz. *Eust.* Vgl. engl. *he-goat she-goat* usw.

Und wie die Schriftsprache innerhalb derselben Art die Zurückführung der verschiedenen Bezeichnungen auf den Artbegriff liebt, so hat sie auch die Neigung, verschiedene Arten unter einem **Gattungsbegriffe** zusammenzufassen und das gemeinsame Grundwort mit unterscheidenden Bestimmungswörtern zu versehen. Mundartl. Sonderbezeichnungen wie *Ziemer Schacker Zippe Winsel Amsel* (dies freilich auch Gemeingut) setzt die Schriftsprache entgegen *Mistel- Wachholder- Sing- Rot- Schwarzdrossel.* Für die gemeinsprachl. Benennungen *Spitz-Berg- Feldahorn* bieten die Mundarten z. B. *Lehne Öhre Wittnäpern* usw. Daß hier die systematisierenden Bestrebungen der Naturforscher und insbes. die lateinische Namengebung mit eingewirkt hat, ist unzweifelhaft, beweist aber nur um so deutlicher, was für Einflüssen die Schriftsprache ausgesetzt ist.

Was die hier besprochene Verschiedenartigkeit des Wortschatzes betrifft, so stehen die Berufssprachen, wie die des Jägers oder Seemannes, mit den Mundarten auf einer Stufe (S 11, Anm.**). So können wir hier bei Begriffen, die Fach- und Schriftsprache gemein haben, dieselbe Wahrnehmung machen. Der seemännische Ausdruck für *Mastkorb* ist *Mars,* für *Segelstange Rahe:* was der Jäger als *Hinde Hindin, Ricke Hille, Kitze, Fohe* bezeichnet, kennt die Schriftsprache unter den Benennungen *Hirschkuh, Rehgeiß, Rehkuh, Rehkalb, Füchsin.* — So macht die Schriftsprache einen besonders ausgiebigen Gebrauch von dem Mittel, Wurzelbildungen durch deutlichere Ableitungen und Zusammensetzungen zu ersetzen. Wenn nun, wie wir gesehen haben, die Entlastung des Gedächtnisses dabei eine Rolle spielt, so werden wir ähnliche Wirkungen auch da erwarten dürfen, wo die Anspannung des Gedächtnisses und überhaupt der geistigen Thätigkeit gering ist. sei es aus Mangel an Wollen. also aus Bequemlichkeit, oder aus Mangel an Können, also wegen geringer Bildung. Und in der That finden wir in solchen Fällen, d. h. in der nachlässigen Umgangssprache (gegenüber gewählter Rede oder schriftlicher Darstellung) und in der Sprache der Halb- oder Ungebildeten (und so auch in den Mundarten) ganz entsprechende Erscheinungen. Armut des Wortschatzes (nicht des Begriffsschatzes), Verwendung gewisser, ganz allgemeiner Begriffe für alle möglichen Einzelvorstellungen, teils mit, teils ohne unterscheidende Zusätze, kennzeichnen solche Rede. Wie wir, wenn uns das Namengedächtnis im Stiche läßt, schlechtweg *Dings* oder *Dingsda* einsetzen, so dient das Wort *Ding* im alltäglichen Leben zur Bezeichnung der verschiedensten Gegenstände, wenn sich aus der Sachlage oder dem Zusammenhange ergiebt, was gemeint ist. Wo nötig, bezeichnen gewisse Merkmale das *Ding* genauer. So wird im Nd. die *Flinte : Scheitding,* die *Handharmonika : Treckeding,* genannt, *Spukding* für *Gespenst* ist weiter verbreitet. Bei Personen übernehmen *Mann* (oder *Mensch*) und *Frau* eine ähnliche Rolle; der *Gemüsehändler* wird schlechtweg *Gemüsemann* genannt, der *Versicherungsagent Versicherungsmensch*, die *Zeitungsausträgerin Zeitungsfrau.* Was *Ding* für Gegenstände, ist *machen* für Handlungen. *machen* hat in der Rede des Halbgebildeten die allerverschiedensten Bedeutungen angenommen, z. B. *Holz machen* = ‚spalten', *einen machen* = ‚schelten', *in die Sadt machen* = ‚gehen' usw. (vgl. Behaghel deutsche Sprache S. 82). Auch für ‚eilen' wird es gebraucht, zumal in der Befehlsform *mach (zu)!* Besonders lehrreich aber ist die Verbindung von *machen* mit Umstandswörtern oder prädikativen Eigenschaftswörtern. Da heißt es nicht *öffnen, schließen,* sondern *auf-, zumachen.* nicht *eilen, säumen,* sondern *schnell, langsam machen,* nicht *schmücken, reinigen,* sondern *schön. rein machen.* nicht (*Holz*) *spalten, zerbrechen,* sondern *klein, entzwei machen* usw. So auch *weh thun* für *verletzen* und *schmerzen, lieb haben* für *lieben* u. a. Vielfach werden auch in gebildeten Familienkreisen die einfachen Ztw. gar nicht angewandt, ihr Gebrauch gilt für gesucht. An diesen Beispielen sieht man deutlich die Neigung, einmal alles Thun mit dem allgemeinen Ausdrucke *machen* zu bezeichnen, und sodann den Sonderbegriff in seinen verschiedenen Beziehungen durch dasselbe Wort auszudrücken. Während in gewählter Rede verschiedene Wortstämme zur Bezeichnung desselben Begriffes dienen: *er spricht schnell* und *er eilt* (abgesehen von den sinnverwandten Ausdrücken), heißt es in nachlässiger Sprache: *er spricht schnell* und *er macht schnell* usw.

Der idealen Forderung, mit den geringsten Mitteln möglichst viel zu erreichen, dem begrifflich Gleichen auch einen lautlich gleichen Ausdruck zu geben, wird hier mehr genügt als in der edleren Sprache. Aber man sieht auch, wohin dies bei ungehemmter Entwicklung führen würde. Es würde eine nüchterne, volapükähnliche Geschäftssprache werden, die zwar für den nächsten Zweck des Sprechens, die Verständigung, genügen, die dem alltäglichen Bedürfnisse, selbst der Wissenschaft zweckmäßig dienen könnte, wie mathematische Formeln, aber für andere Zwecke der Sprache durchaus unzulänglich wäre. Etymologische Durchsichtigkeit ist gewiß ein Vorzug, und es ist zu beachten, daß gerade die ungezwungene, also natürliche Redeweise zu ihr hindrängt; aber wenn sie zu langweiliger Gleichförmigkeit führt, vermag die Sprache weder den Bedürfnissen des erregten Gemütes, noch insbesondere ästhetischen Ansprüchen zu genügen. Der Dichter vor allem bedarf nicht nur einer vom Gewöhnlichen abweichenden, sondern auch einer sinnlichen, die Phantasie beschäftigenden Sprache, er meidet geradezu die platte Verständlichkeit, und deshalb finden wir bei ihm noch viele von den alten Wörtern bewahrt, deren Verdrängung uns hier beschäftigt, z. B. *Amsel Antlitz Eidam Fittich Hinde Lenz* u. a. Aber auch in der gemeinen Schriftsprache ist noch eine Fülle alten Sprachgutes, etymologisch dunkler und zusammenhangsloser Wörter erhalten. Denn das Streben nach Befriedigung des etymologischen Bedürfnisses findet kräftigen Widerstand in der Macht der Überlieferung, in dem Schutze, den die geheiligte Sitte zumal häufig gebrauchten Wörtern angedeihen läßt. Deshalb finden sich in allen Sprachen zu jeder Zeit unverstandene Reste alter Wortfamilien und Bildungsweisen, die als ehrwürdige Denkmäler älterer Perioden in eine jüngere Zeit hineinragen. Im einzelnen Falle ist es natürlich oft schwer oder gar nicht zu sagen, warum d i e s Wort den Stürmen der Zeit widerstanden hat, während j e n e s anscheinend gleichartige einer deutlicheren Neubildung zum Opfer gefallen ist. — Eine verwandte Erscheinung ist es, wenn unter mehreren begriffsverwandten Wörtern das durch verwandte gestützte über das etymologisch mehr oder minder isolierte den Sieg davonträgt. Daß *Minne* und *minnen* von *Liebe* und *lieben* völlig verdrängt sind, hat gewiß seinen Grund hauptsächlich darin, daß den letzteren das Eigenschaftswort *lieb* zur Seite stand. Ähnlich ist *frommen* vor *nützen, Weidmann* (und *Weidner*) vor *Jäger* zurückgetreten.

3. U m d e u t u n g und U m g e s t a l t u n g. Wörter, die eines etymologischen Anschlusses entbehren, können nicht nur durch verdeutlichende Zusätze gestützt, nicht nur durch Neubildungen beseitigt, sondern auch zu anderen, geläufigen Wortsippen in eine sekundäre Beziehung gesetzt und so dem Sprachbewußtsein näher gebracht werden, wie z. B. *bleuen* an *blau* angelehnt und *sinvluot* durch Beziehung auf *Sünde* zu *Sündflut* umgestaltet ist. Es handelt sich hier um eine Gruppe vielgestaltiger Erscheinungen, denen wir im Vereine mit verwandten Vorgängen einen besonderen Abschnitt widmen müssen.
